Ética, mídia e comunicação

CIP-BRASIL. CATALOGAÇÃO NA PUBLICAÇÃO
SINDICATO NACIONAL DOS EDITORES DE LIVROS, RJ

M34e

Martino, Luís Mauro Sá
　　Ética, mídia e comunicação : relações sociais em um mundo conectado / Luís Mauro Sá Martino, Ângela Cristina Salgueiro Marques. – São Paulo : Summus, 2018.
　　240 p.

　　Inclui bibliografia
　　ISBN 978-85-323-1099-6

　　1. Comunicação – Aspectos sociais. 2. Jornalismo. I. Marques, Ângela Cristina Salgueiro. II. Título.

18-48661
CDD: 070
CDU: 070(8)

Leandra Felix da Cruz – Bibliotecária – CRB-7/6135

www.summus.com.br

Compre em lugar de fotocopiar.
Cada real que você dá por um livro recompensa seus autores
e os convida a produzir mais sobre o tema;
incentiva seus editores a encomendar, traduzir e publicar
outras obras sobre o assunto;
e paga aos livreiros por estocar e levar até você livros
para a sua informação e o seu entretenimento.
Cada real que você dá pela fotocópia não autorizada de um livro
financia o crime
e ajuda a matar a produção intelectual de seu país.

Ética, mídia e comunicação

RELAÇÕES SOCIAIS EM UM MUNDO CONECTADO

LUÍS MAURO SÁ MARTINO
ÂNGELA CRISTINA SALGUEIRO MARQUES

summus
editorial

ÉTICA, MÍDIA E COMUNICAÇÃO
Relações sociais em um mundo conectado
Copyright © 2018 by Luís Mauro Sá Martino e
Ângela Cristina Salgueiro Marques
Direitos desta edição reservados por Summus Editorial

Editora executiva: **Soraia Bini Cury**
Assistente editorial: **Michelle Neris**
Capa: **Alberto Mateus**
Produção editorial: **Crayon Editorial**
Impressão: **Sumago Gráfica Editorial**

Summus Editorial

Departamento editorial
Rua Itapicuru, 613 – 7º andar
05006-000 – São Paulo – SP
Fone: (11) 3872-3322
Fax: (11) 3872-7476
http://www.summus.com.br
e-mail: summus@summus.com.br

Atendimento ao consumidor
Summus Editorial
Fone: (11) 3865-9890

Vendas por atacado
Fone: (11) 3873-8638
Fax: (11) 3872-7476
e-mail: vendas@summus.com.br

Impresso no Brasil

Para o Fernando e o Cristiano,
filhos da Ângela e do Ângelo

Para o Lucas,
filho do Luís Mauro e da Anna Carolina

Vocês nos ensinam, a cada dia, algo sobre nós,
e nos deram uma vida com novas cores, intensas e diversas.

Sumário

APRESENTAÇÃO 9

INTRODUÇÃO – NO PRINCÍPIO ERA O OUTRO:
ENTRE ÉTICA, MORAL E COMUNICAÇÃO 15

1 ÉTICA E SUBJETIVIDADE: O QUE É SER ALGUÉM? 31

2 ÉTICA E NARRATIVA: FALAR DE SI, FALAR DOS OUTROS 43

3 PEQUENOS PROBLEMAS, GRANDES NEGÓCIOS:
A ÉTICA DAS DECISÕES COTIDIANAS 53

4 POR FAVOR, LEIA ESTE CAPÍTULO: A ÉTICA DA POLIDEZ 63

5 A ÉTICA DA CONVERSAÇÃO: POR QUE É COMPLICADO
FALAR COM OS OUTROS. 75

6 RECONHECIMENTO, AUTONOMIA E ÉTICA:
A COMUNICAÇÃO E O DIREITO À CIDADANIA 91

7 "NÃO FALE COM ESTRANHOS":
COMUNICAÇÃO, ALTERIDADE, AMIZADE 103

8 EM QUE MUNDO VOCÊ VIVE? A ÉTICA E OS
ENQUADRAMENTOS DO COTIDIANO. 119

9 ESTEREÓTIPOS, MÍDIA E REALIDADE 129

10 VOCÊ DISSE "BEM INFORMADO"? A ÉTICA DA NARRATIVA........ 139

11 A ÉTICA DA COMUNICAÇÃO POLÍTICA: ARISTÓTELES
ENCONTRA FRANK UNDERWOOD.............................. 153

12 O DIREITO DE FALAR: A ÉTICA E A LIVRE EXPRESSÃO............. 167

13 COMO A ÉTICA SOBREVIVE DIANTE DOS INTERESSES?............ 177

14 A ÉTICA DAS IMAGENS: REPRESENTAÇÃO E PODER
NO MUNDO VISUAL/VIRTUAL.................................. 191

15 OLHANDO PARA NÓS: ÉTICA E AFETIVIDADE NA
PESQUISA ACADÊMICA....................................... 203

PARA TERMINAR: CINCO DESAFIOS DA ÉTICA NA COMUNICAÇÃO..... 217

REFERÊNCIAS... 227

Apresentação

No SENSO COMUM, o termo "ética" é geralmente utilizado para indicar e julgar atitudes de pessoas, empresas ou grupos – "isso é falta de ética", "essa empresa não tem ética", "é preciso ter um comportamento ético". Há, nesse uso da palavra, certa ideia de acusação. Muitas vezes, basta alguém falar de ética para que se crie um clima de expectativa, julgamentos e decisões. É como se houvesse uma única régua ética capaz de julgar todos os comportamentos e atitudes.

Nada mais distante do conceito de ética proposto neste livro. Em primeiro lugar, não existe uma única definição para a palavra. Ao longo do tempo, vários filósofos e pensadores deram sentidos específicos a ela – e, como quase sempre acontece na filosofia, nem sempre estes conversam entre si. Além do mais, nenhuma ética indica, em termos absolutos, o que é "certo" ou "errado", ao menos como entendemos essas palavras no cotidiano.

Ao contrário, a reflexão ética procura justamente entender *por que* consideramos uma ação "correta" ou não em determinado contexto. Isso significa que, na reflexão sobre o tema, não é possível definir um padrão como "ético" e dizer que todos os outros estão errados. No dia a dia isso pode ser comum e até relativamente fácil – para nossa sorte, não temos de prestar contas de todas as vezes que julgamos ou avaliamos o comportamento de outros indivíduos. E, principalmente, nem sempre ficamos sabendo quando avaliam o *nosso*.

Ética não é um conjunto de regras para definir o que é certo ou errado, o bem ou o mal. É uma oportunidade de pensar sobre nossas atitudes e ações, suas motivações e consequências. No caso da comunicação, pensar sobre ética significa, entre outras coisas, questionar como estamos nos relacionando com os outros e como essas interações traçam e alteram os quadros de sentido que nos fornecem orientações para organizarmos reflexivamente nossas experiências.

Pensar a ética, na perspectiva deste livro, é pensar a prática – olhar para as relações de comunicação nos muitos espaços em que ela acontece, da complexidade das redes nas mídias digitais ao simples ato de dizer "oi!" a alguém, passando pelas questões profissionais do mercado e das grandes empresas de mídia. Por isso, nossa proposta não é dizer o que fazer, mas perguntar por que fazemos, isto é, por que motivos agimos de determinada maneira e não de outra quando nos comunicamos.

Questões éticas aparecem o tempo todo em nosso cotidiano. No caso da comunicação, a ética está diretamente ligada à maneira como construímos nossa relação com os outros – o "bom-dia" que escolhemos dar a determinado indivíduo já estabelece com este uma ligação. Por isso, tomamos como ponto de partida que a comunicação, em si, é uma ação ética: se ela nos liga a outra pessoa, se se dirige ao outro para criar um "nós", seu fundamento é, por definição, ético – a ideia não é nossa, mas vem sendo construída em nossas conversas e, principalmente, com a leitura de diversos autores que versam sobre o tema. Por isso, optamos aqui por analisar como isso acontece nas relações de comunicação, nas interações e trocas simbólicas cotidianas entre seres humanos – mediados ou não pela tecnologia e pelas diversas instituições que nos enredam.

Nosso objetivo não é prescrever, mas perguntar. Este livro está longe de ser um manual com normas de procedimentos. A tarefa a que nos propomos, ao contrário, é justamente questionar – por exemplo, o que dizem as normas éticas dos manuais? E, antes disso, o que é uma norma ética?

Ética, mídia e comunicação trabalha o assunto em termos panorâmicos, sem entrar nas questões específicas de ética profissional. A ideia é colocar, em primeiro plano, a comunicação como um fenômeno humano, que antecede as atividades profissionais. Assim, não vamos falar de "ética na publicidade", "ética no jornalismo", ou "ética em relações públicas". Além de existirem no mercado excelentes livros específicos a esse respeito, a discussão aqui não é sobre as práticas de uma profissão, mas sobre as ideias que fundamentam a ética nas relações de comunicação.

Nossa preocupação, aliás, foi justamente estabelecer conexões com os outros títulos disponíveis no mercado editorial. Há, nesse aspecto, trabalhos clássicos de Clóvis de Barros Filho, Francisco José Karam, Luciene Tófoli, Rogério Christofoletti e Caio Túlio Costa, com os quais não apenas aprendemos como também procuramos dialogar.

UM LIVRO EM DUAS CIDADES

Este livro tem uma história deliciosamente acidentada. Começou a ser escrito sem que a gente soubesse. Em 2011, quando os primeiros capítulos foram esboçados, ainda não imaginávamos que nossas conversas informais sobre comunicação poderiam virar textos, depois artigos, apresentações, eventos acadêmicos e, bom, um livro. O percurso de escrita, nesses oito anos, inclui duas famílias, três crianças, 600 quilômetros de distância (ou mais, se contarmos algumas jornadas internacionais), muitas salas de aula e duas pessoas interessadas em conhecer um pouco melhor as relações entre ética, mídia e comunicação.

Em 2010, ambos trabalhávamos no Programa de Mestrado da Cásper Líbero. Ali, percebemos que alguns temas com os quais lidávamos tinham aspectos éticos muito evidentes – questões sobre política, linguagem e epistemologia sempre remetiam à relação com os outros e, portanto, às questões éticas e morais.

Com base nessas conversas, escrevemos alguns trabalhos em conjunto, focalizando temas específicos. Depois, passamos a apresentá-los em congressos e a publicá-los em revistas especializadas – processo que continuou mesmo quando Ângela foi para a Universidade Federal de Minas Gerais, no final de 2011. Por coincidência, os primeiros filhos de cada um nasceram com pouco tempo de intervalo – Lucas, em São Paulo, em dezembro de 2011; Fernando, em Belo Horizonte, em outubro de 2012. Uma parte deste livro foi escrita, literalmente, com eles no colo – naquelas infinitas noites maldormidas, produzíamos e editávamos partes do texto e trocávamos impressões por *e-mail*.

Mas a ideia de transformar aquele material em livro veio, sobretudo, da sala de aula. Nossos alunos, tanto na Cásper Líbero quanto na UFMG – e, no caso de Luís Mauro, também no curso de Música da Faculdade Cantareira –, foram os principais motivos para tanto. O que, aliás, se ampliou com amigos e colegas de várias universidades no Brasil e do exterior com quem temos a oportunidade de dialogar e aprender.

Com base nisso, escrevemos uma primeira versão e apresentamos à Soraia Bini Cury, da Summus Editorial, em meados de 2012. (Ou já era 2013? Na velocidade da mídia, os fluxos de memória podem se enganar com ainda mais facilidade.) Após uma leitura atenta, comentários e indicações, decidimos reformular o trabalho.

As atividades acadêmicas e a vida pessoal, no entanto, não deixaram o trabalho prosseguir na velocidade que gostaríamos. Mas isso acabou se revelando uma vantagem: houve um tempo de distância, fundamental na escrita. Tivemos a oportunidade de participar de outros ambientes acadêmicos, nos quais algumas ideias surgiram e outras amadureceram. Temas foram incluídos, questões apareceram, incorporamos ideias e sugestões. E, sobretudo, houve um intervalo maior para decisões a respeito do formato e do estilo do texto. A escrita tem seu tempo, e respeitá-lo também foi um processo de aprendizado.

Quando terminamos o livro, no final de 2017, o resultado era diferente da proposta de 2013 (ou foi 2012?). E, esperamos, diferente para melhor.

RECONHECENDO DÍVIDAS

Fizemos a opção editorial de não seguir as normas de citação da Associação Brasileira de Normas Técnicas (ABNT). Diminuímos quanto foi possível o número de citações e procuramos sempre mencionar autoras, autores e livros, e não o sistema autor-data – "segundo Einstein (1954)..." –, buscando com isso deixar a leitura mais fluida e direta. Um livro, nesse ponto, se diferencia da tese e do artigo acadêmico, com suas características próprias de forma e conteúdo. Isso não significa, de modo nenhum, a pretensão de um "pensamento original" nosso: ao contrário, os débitos estão reconhecidos ao final de cada capítulo e, mais ainda, na bibliografia – e, se algo nos escapou, corrigiremos imediatamente em uma próxima edição.

Procuramos, ao longo do livro, trazer exemplos próximos, tanto da vida cotidiana quanto de séries de TV, filmes, músicas e obras literárias de sucesso. A ideia não é estudar nenhum deles, mas pensá-los como casos com base nos quais podemos discutir os temas do trabalho.

AGRADECIMENTOS EM VÁRIOS ESTADOS

Ética, mídia e comunicação nasce da vontade de saber, da curiosidade de aprender e entender um pouco mais a respeito da comunicação no mundo social a partir de nossas experiências pessoais, dos diálogos em sala de aula, das atividades de orientação e das conversas com colegas, dentro e fora das universidades.

A sala de aula, como dissemos, está na origem de muitas das questões de fundo desta obra. Por isso, agradecer nominalmente a cada uma e a cada um de vocês preencheria mais páginas do que seria possível em qualquer norma editorial. Mas, se o agradecimento é geral, não é menos profundo e sincero por isso.

Na Summus, agradecemos a leitura, o incentivo e as sugestões de Soraia Bini Cury. Sua visão editorial foi fundamental para nos ajudar a decidir aspectos de forma e conteúdo do livro. No âmbito pessoal, temos algumas pessoas sem as quais nada disso teria acontecido.

Antonio Carlos e Vera Lúcia, pais de Luís Mauro, sua esposa Anna e seu filho Lucas são as relações fundamentais que ensinam a ética do bem-viver a cada dia.

João Calixto e Ângela Maria, pais de Ângela Marques, Ione e Marcus (sogros de coração), Ângelo, Fernando e Cristiano, que com ela desenham e redefinem pacientemente as relações e os vínculos que amparam nossa existência.

Belo Horizonte/São Paulo, nos vários e
magníficos cenários da Rodovia Fernão Dias,
2018

Introdução – No princípio era o outro: entre ética, moral e comunicação

ALGUNS MILÊNIOS ATRÁS, AS primeiras criaturas parecidas com o ser humano atual começaram a viver juntas. Os laços familiares aos poucos foram se desdobrando em vínculos sociais, nos clãs, nas tribos e, mais tarde, nas sociedades e nações. A exemplo de outros animais, os humanos notaram que a sobrevivência de um indivíduo seria facilitada pelo convívio em grupo. No entanto, por alguma razão, aquilo que era absolutamente natural e simples para os animais mostrou-se incrivelmente complexo para o ser humano: viver com os outros.

A convivência humana tornou-se problemática logo de início. A continuidade da vida em comunidade, fundamental para a existência da espécie, precisava de regras. Timothy Chappell, em seu livro *Ethics and experience*, argumenta que a ética nasceu quando, pela primeira vez, seres humanos decidiram usar a razão para tomar decisões a respeito dessas regras e, particularmente, de seus comportamentos na vida social. O que fazer? Como proceder? Qual é a decisão mais justa, mais correta? O autor britânico situa o nascimento da ética na Grécia clássica por conta desse vínculo entre decisão e racionalidade: enquanto as decisões eram tomadas com base em uma consulta aos astros, no transe de um feiticeiro ou na autoridade do rei, não havia uma "ética" propriamente dita.

A ética, como exame racional dos valores morais que orientam as ações, nasce quando há possibilidade de escolha individual – o que, imediatamente, implica também responsabilidade individual.

As preocupações ético-morais estão espalhadas pela vida social. A cada decisão tomada, por mais simples que seja, é preciso movimentar uma série de valores que têm algum fundamento racional. Quando alguém nos pergunta a razão de nossos atos, em geral respondemos com uma explicação baseada em um *porquê*. Esse tipo de explicação, na filosofia, costuma ser chamada de "máxima" ou, ainda, de "princípio". Essas máximas, mais do que elementos teóricos, são abstrações feitas com base no comportamento dos indivíduos.

Nesse sentido, assuntos referentes à ética e à moral são parte da "razão prática", na medida em que se referem a abstrações teóricas e elaborações mentais obtidas pela observação de comportamentos. Um candidato pode repetir quanto quiser em sua campanha política que tem ética no trato com a coisa pública; no entanto, seus verdadeiros princípios só serão entendidos de fato observando-se suas ações. Daí o descompasso que notamos muitas vezes entre os princípios éticos alegados de determinados indivíduos e suas atitudes práticas.

Se perguntarmos às pessoas se mentir é certo ou errado, boa parte delas condenará, em princípio, a mentira; no entanto, se entrarmos em detalhes – por exemplo, se é certo mentir para salvar uma vida humana –, é possível que muitas delas comecem a relativizar a questão e a mostrar que o princípio ético absoluto alegado ("não mentir") é, em muitos casos, dobrável às circunstâncias. Em tese, isso permitiria observar os princípios que, de fato, seriam colocados em prática ("não mentir, exceto quando for para salvar uma vida") em qualquer situação ("não mentir, exceto para obter vantagens pessoais").

Mas isso pode ser interpretado de outra maneira: não é a pessoa que é contraditória, nós é que prestamos atenção aos princípios que ela *diz* ter em vez de observarmos, com base em suas ações, os princípios que de fato ela coloca em prática.

O PROBLEMA DE TOMAR DECISÕES

Na série britânica *Doctor Who*, exibida pela BBC desde 1963, os principais vilões são provavelmente os Daleks. Criaturas geneticamente modificadas, têm um único objetivo: eliminar todas as outras formas de vida do universo para se tornar a única espécie, deixando um rastro de destruição e terror por onde passam. Em um dos (até agora) quase 900 episódios, "A gênese dos Daleks", o protagonista, o Doutor, volta no tempo para impedir a criação desses seres. Para isso, deve destruir o laboratório onde eles estão sendo gerados. O fim dos Daleks significa esperança para inúmeras outras formas de vida. Mas, para isso, o Doutor deve eliminar seres vivos, exatamente como um Dalek faria. De um lado, o dever moral de garantir a vida de outros seres; do outro, o problema ético de decidir sobre quem se é.

Nem sempre conflitos éticos e morais estão ligados a questões globais – problemas familiares, por exemplo, podem se dar em menor escala, mas são igualmente complexos. Mas qual é, nesse sentido, a diferença entre "ética" e "moral"?

No dia a dia, essas palavras são usadas quase como sinônimos, com "ética" parecendo um pouco mais moderna do que "moral" – em geral, ninguém fala de "moral no jornalismo" ou "moral nas organizações", por exemplo. O fato é que a diferença entre os termos nem sempre é clara.

Também não ajuda muito o fato de, historicamente, as duas palavras terem quase a mesma origem. O termo "ética" vem do grego clássico *ethos*, que significa, ao mesmo tempo, "hábito" e "caráter". Em um sentido ainda mais antigo, *ethos* significava "lugar onde se mora" ou "habitação". Embora essas palavras tenham hoje em dia um sentido bem diferente, os gregos sabiam muito bem o que estavam fazendo: o caráter de uma pessoa, entendiam, era derivado dos hábitos que ela adquiria. Assim, o caminho para que determinado indivíduo tivesse um bom caráter era cultivar nele, desde pequeno, bons hábitos. Daí a importância das condições sociais de vida, isto é, do "lugar onde se mora", de nosso "hábitat" para a formação do caráter de alguém.

Portanto, o *ethos* não era sinônimo de ética, mas do conjunto de práticas, adquiridas pelo hábito, que definia o caráter de uma pessoa. Em dois de seus principais livros, *Ética à Nicômaco* e *Ética a Eudemo*, o filósofo grego Aristóteles nos dá uma pista para compreender essa relação. Segundo ele, ninguém nasce destinado a ser isto ou aquilo: o caráter se forma continuamente à medida que adquirimos nossos hábitos – daí a importância fundamental da educação para a formação das cidadãs, dos cidadãos e da democracia.

A história poderia terminar aí, mas continua.

Quando, na filosofia medieval, buscou-se uma tradução para *ethos*, a palavra mais próxima em latim encontrada foi *mores*, que literalmente, significa "costume", sentido próximo do de *ethos* como "hábito". Por isso, em alguns casos, a expressão "bons costumes" também era associada à moral. Da palavra *mores* nasce a moderna palavra "moral".

Os termos "ética" e "moral" são iguais e diferentes ao mesmo tempo – daí a dificuldade de definir o que significa cada um. Do ponto de vista dos hábitos e costumes, isto é, das nossas práticas cotidianas, "ética" e "moral" são a mesma coisa; no entanto, quando se pensa na formação do caráter de alguém, há certas diferenças sutis entre elas.

Alguns autores, como Francisco Herrero em *Estudos de ética e filosofia da religião*, definem a ética como o conjunto das práticas morais de uma sociedade, ou dos princípios que regem socialmente o que fazemos na relação com outras pessoas. Já Adolfo S. Vásquez, no livro *Ética*, entende a moral como o conjunto de regras de conduta admitidas em determinada época ou por um grupo de pessoas.

Sabemos que é por meio das normas sociais que os valores, isto é, os princípios de conduta e avaliação ou apreciação da vida e modos de vida de uma sociedade, são expressos e adquirem o

ÉTICA, MÍDIA E COMUNICAÇÃO

caráter de regra, raramente questionável. Nesse sentido, agir "moralmente" significaria obedecer às normas que reconhecemos como válidas para orientar nossas escolhas quando enfrentamos problemas que ultrapassam nossas decisões pessoais.

A escolha de um sabor de sorvete dificilmente coloca alguém em um conflito moral; escolher, no entanto, entre ceder e não ceder lugar na fila a um idoso depende dos costumes de cada sociedade – e, portanto, está ligado à moral. Nesse sentido, quando tomamos decisões, levamos em consideração o que é definido como justo e bom para todos, o ato *moral*. Mesmo que nossa opção seja fazer o oposto, isto é, um ato *imoral*, em geral sabemos qual é a norma – e aqui "norma" é entendida no sentido da "convenção social".

Na sociedade, a moral faz que os indivíduos aceitem livre e conscientemente a ordem social estabelecida sem que para isso seja necessário o uso constante de algum tipo de coerção externa. Quando isso acontece é porque a situação está séria.

Outro dia, em um ônibus, um jovem estava ocupando o assento preferencial. Um senhor de idade embarcou e ele, imediatamente, fechou os olhos e fingiu que dormia. O jovem sabia que estava errado em não ceder o lugar e, por conta disso, qualquer outro passageiro, o cobrador ou o motorista teria o direito moral de dizer "ei, por favor, ceda seu lugar". Seu erro ficaria evidente e a coisa seria constrangedora. Para que isso não acontecesse, o único caminho era *evitar o confronto moral* – no caso, fingir que estava dormindo e alheio à situação.

As razões morais que alimentam nossas crenças sobre o que é bom nos impelem a rejeitar as injustiças, sejam elas ligadas à nossa cultura ou não, recorda Vásquez. É importante ter em mente que as regras de conduta, fundamento da moral, sempre correm o risco de se transformar em instrumentos de poder para oprimir e controlar a vida das pessoas. Tais regras delimitam o escopo das ações e das possíveis decisões de um indivíduo, constrangendo escolhas, evidenciando fronteiras e, por isso mesmo, atuando como mecanismos de controle, mas também de constituição de sua subjetividade. Normas são elementos importantes de definição de nossas experiências singulares e intersubjetivas, mas é preciso destacar que normas inflexíveis não se adaptam às mudanças culturais e históricas e entram em contradição com novas formas de existir. A análise de questões práticas e políticas do cotidiano nos coloca diante de dois polos contraditórios: de um lado, o caráter social e coletivo da moral (ligado à avaliação do efeito que determinada conduta tem na coletividade); de outro, a intimidade de cada um. Entre o que *devemos* fazer, em termos morais, e o que *podemos*, em termos pessoais, costuma existir uma diferença fundamental. Quando criamos e seguimos valores, não fazemos isso só para nós, mas como pessoas que vivem em sociedade, nas relações com os outros. Por isso, agimos moralmente. Nas sociedades modernas há múltiplas noções do que é "moral", sendo necessário, de saída, evitar o moralismo – isto é, impor nosso ponto de vista aos outros.

Ao mesmo tempo, agimos eticamente, ou seja, pautamo-nos pelos valores que consideramos ser corretos para a conduta de nossa existência, levando em consideração o que denominamos "bem-viver".

A natureza dos dilemas colocados por essas duas formas é diferente: enquanto a ação moral nos lança desafios associados à justiça e ao bem, a ética está ligada às noções do bem-viver em sociedade.

VER, CLASSIFICAR, JULGAR: OS JUÍZOS DE VALOR

Em nossas atividades cotidianas estamos sempre julgando ou avaliando nossos atos e os dos outros – ou, em outras palavras, fazendo "juízos de valor". A palavra "juízo" aqui é usada como sinônimo de "julgamento". Na expressão popular, "ter juízo" significa "andar na linha", o que não deixa de ser também "saber julgar".

Aprovamos ou não a roupa de outras pessoas, julgamos se o que alguém disse é certo ou errado, imaginamos erros e acertos para nós e para os outros. Formulamos juízos de aprovação ou reprovação e nos sujeitamos conscientemente a certas normas ou regras de ação. Quando nos perguntamos "que devo fazer?", isso mostra que não nascemos programados, mas devemos construir quem somos e nossas relações sociais conforme esses juízos de valor.

A ética, nesse sentido, é o estudo das maneiras como relacionamos nossa responsabilidade moral – ou seja, a responsabilidade que assumimos por nossos atos ou inações diante dos outros – com nossa liberdade no contexto onde estamos inseridos. Em certo sentido, ética refere-se a um *caráter* que se liga a atos e julgamentos considerados moralmente corretos.

De forma específica, o conceito de ética se refere à reflexão sobre as práticas morais: ela trata dos dilemas que enfrentamos todos os dias para justificarmos (ou não) nossas ações. Isso acontece quando estamos em um impasse e nem nossas crenças nem nossos valores conseguem oferecer uma resposta imediata.

Quando, durante uma partida de futebol, um árbitro invalida um gol, espera-se que ele tenha ótimas razões para isso (especialmente se o gol anulado foi do nosso time). Ele deve justificar seu ato com razões aceitáveis no futebol – "o jogador estava impedido". Se, ao contrário, não apresentar nenhuma justificativa para seu julgamento, ou se a justificativa não for válida – algo como "Desculpe, é que fui comprado pela equipe adversária" –, a moral utilizada por ele será questionada pela ética.

Assim, a ética se relaciona à análise das razões ou dos argumentos utilizados para demonstrar que um "juízo moral" – por exemplo, a anulação do gol – é válido. Indo mais fundo, a ética pode questionar também a validade das normas morais, e aqui estamos bem perto do Direito. A ética aponta o que é um comportamento considerado bom na perspectiva do "bem-viver" com os outros. Podemos resolver impasses de maneira adequada com base em nossas convicções. Contudo, quando se trata de problemas coletivos, que afetam muitas pessoas, não é possível buscar soluções pautadas por nossas crenças, uma vez que elas nem sempre consideram as especificidades das experiências alheias e, portanto, são extremamente limitadas para definir se o que é bom para nós é igualmente bom para os outros.

Mas é inútil recorrer à ética para encontrar nela normas de ação para cada situação no cotidiano. Nesse sentido, a ética pode ser entendida como o estudo das crenças, dos valores e das condutas de indivíduos e culturas que busca explicar como eles surgem, se mantêm e, sobretudo, são usados para justificar ou não atitudes e práticas cotidianas. A ética oferece um conjunto de razões destinadas a julgar princípios coletivos de conduta, como respeitar as pessoas, incluindo a nós mesmos, e preocupar-se com as necessidades dos outros. Isso não quer dizer que a ética é algo pré-fabricado e já dado de antemão, pois as razões que julgam e justificam as ações são construídas, expressas e trocadas em interações situadas. Já a moral é uma prática social que adotamos por costume ou convenção, bem como os princípios teóricos que fundamentam ou criticam tais convenções.

Em termos simples, quando cumprimentamos alguém na rua, fazemos isso por costume, por hábito: estamos na *esfera da moral*. No entanto, nem sempre cumprimentamos todo mundo. E devemos ter razões para isso: posso ter brigado com uma pessoa e não quero falar com ela de jeito nenhum, ou acordei particularmente mal-humorado e não estou com vontade de falar nem comigo. O estudo das razões pelas quais cumprimentamos ou não as pessoas nos coloca na *esfera da ética*. Dito de outro modo, quando todos aceitam os costumes e valores morais estabelecidos para a ação coletiva, não é preciso discutir sobre eles. Mas quando há problemas, é hora de questionar *em que* estamos nos baseando para pensar a moral e nossa capacidade de produzir justiça.

Enquanto a ética distingue o Bom e o Mau, a moral distingue o Bem e o Mal. Se a ética busca o bem-estar (no sentido de "bem-viver"), a moral tem como objetivo a justiça e a integração. Se a ética vem dos questionamentos íntimos de cada um, a moral vem dos outros, da tentativa de estabelecer convívio e comunidade. A ética geralmente está ligada a uma tomada de decisão individual, enquanto a moral é compartilhada.

QUADRO 1. Diferenças entre ética e moral

	Ética	Moral
OBJETIVO	Viver bem consigo	Justiça e integração
FONTE	Decisão pessoal	Norma coletiva
PRESSUPOSTO	Julgamentos de valores	Princípios
TIPO DE ATITUDE	Reflexão	Ação automática
ONDE ATUA	Caráter de cada um	Costumes da sociedade

Os problemas enfrentados pela moral, na prática, geram inúmeras dúvidas e impasses, fazendo da ética uma teoria de como podemos, como seres que vivem em sociedade, nos comportar na relação com os outros. A ética, sob esse aspecto da revisão dos códigos morais, se refere às reflexões que fazemos em torno de questões para as quais não temos respostas prontas.

Mas como, na prática, essas diferenças estão ligadas aos problemas da comunicação? De início, poderíamos dizer que a comunicação é sempre uma *relação* com o outro – e, por isso mesmo, sujeita a todas as questões éticas e morais que isso implica.

A vida em sociedade só existe se houver comunicação, mas não é *qualquer* tipo de interação entre pessoas que merece esse nome: a comunicação, pensada nesses termos, exige um pouco mais de cada indivíduo nela envolvido.

Questões éticas e morais têm caráter comunicacional, entre outras coisas, na medida em que estão ligadas à linguagem e ao discurso. Qualquer conversa tem um delineamento ético e moral prévio, das simples interações cotidianas às relações entre organizações ou mesmo entre países.

Ética e comunicação se cruzam sempre que estão em jogo decisões relacionadas à vida em comunidade. Em particular, quando é preciso adequar desejos e vontades de pessoas e grupos diferentes a fim de alcançar o bem coletivo – a ética está dirigida também aos outros. A expressão "o que os outros vão pensar?" é um indicador de que estamos diante de um problema moral (a questão do que *os outros* vão pensar) a ser resolvido por uma discussão ética (*minha* liberdade de escolher se vou me preocupar ou não com a opinião dos outros, por exemplo).

Embora a ética da comunicação esteja, em primeiro lugar, preocupada com a possibilidade de encontrar alternativas de entendimento para problemas de ordem coletiva e, por isso mesmo, ligados à justiça, isso não significa que ela não tenha uma dimensão individual.

Ao mesmo tempo que discute regras para a vida em comunidade, a ética define também critérios e valores para o indivíduo como cidadão. A ética tem uma dimensão subjetiva e, ao mesmo tempo, pertence ao domínio da inter-relação entre as pessoas – em outras palavras, a "intersubjetividade". As relações construídas "entre sujeitos" no interior de grupos, nas interfaces entre esses grupos, em instituições diversas e, de modo amplo, da sociedade demandam constantemente o trabalho reflexivo da ética, uma vez que os eventos e jogos interacionais se pautam na mútua avaliação e no mútuo reconhecimento dos atores.

Desse ponto de vista, a ética da comunicação está voltada não apenas para os problemas dos profissionais de mídia, mas para as questões do cotidiano ligadas à conversação, à troca de opiniões e ao uso que fazemos do discurso no âmbito da cidadania.

Tal como compreendemos, a existência de uma ética na comunicação requer que os envolvidos, digamos, em uma conversação ou em uma disputa qualquer se reconheçam como parceiros de interlocução, dotados de responsabilidade e reciprocidade. Mas antes mesmo de se perceberem como agentes de fala e argumentação, os sujeitos devem tentar perceber os contornos daquilo que os vincula, das situações, sentidos e sentimentos morais que tornam possível a existência de condições de interação. É necessário que todos os interessados estejam envolvidos na busca de soluções para problemas de interesse coletivo, centradas na busca de reconhecimento social e justiça. Afinal, colocar-se no lugar do outro não é só uma exigência moral, mas ajuda na construção e no reconhecimento das identidades e diferenças. Diante disso, é interessante notar como o discurso das mídias está articulado tanto às dimensões que regulam a temporalidade, a espacialidade e a sociabilidade do cotidiano quanto ao modo como aprendemos a perceber e interpretar o "mundo do outro", sem reduzi-lo ao "mesmo", a considerar o ponto de vista alheio e a buscar a solução coletiva de problemas.

A mídia amplia o espaço público da comunicação: além de reproduzir e disseminar valores morais, cria um amplo espaço de argumentação. Os discursos da mídia podem fortalecer regras, padrões e concepções já estabelecidos, reforçando preconceitos e estereótipos, mas também podem servir para criar uma relação de solidariedade entre indivíduos que constroem juntos suas diferenças e semelhanças auxiliados por quadros morais de avaliação e julgamento recíprocos.

Assim, discursos midiáticos, isto é, o que aparece na mídia (e aqui entendemos que existe uma pluralidade de mídias que não se restringem aos veículos tradicionais e hegemônicos), podem promover um processo reflexivo de debate coletivo e de busca de compreensão e entendimento, aproximando diferentes esferas de discussão. Isso é essencial para a ética e para a construção de uma perspectiva colaborativa a partir da qual se pode pensar a democracia e a responsabilidade solidária no mundo contemporâneo.

A ideia de "possibilidade" não significa que isso *vá* acontecer. A mídia é uma das grandes responsáveis pelo contato reflexivo dos sujeitos com os "outros" e com a sociedade – o problema é *como* isso vai acontecer e, principalmente, qual será a imagem desse "outro" construído pelos discursos midiáticos.

ALÉM DA ÉTICA DA MÍDIA: A ÉTICA DA COMUNICAÇÃO

Pensar em ética na comunicação significa perguntar também como a mídia seria capaz de contribuir com os processos simbólicos presentes em nossa experiência.

Os meios de comunicação e as redes sociais digitais podem construir representações positivas e negativas de qualquer assunto e, com isso, colaborar tanto para um debate elaborado quanto para esvaziar ou dificultar as relações sociais – por exemplo, quando o "outro" é continuamente representado de maneira negativa. Basta pensar, por exemplo, nas raras notícias que vemos em portais ou nas redes sociais sobre a vida cultural da África ou do Oriente Médio, ou mesmo sobre as periferias das grandes cidades brasileiras.

Nesse aspecto, as discussões éticas não podem ficar restritas à atuação dos meios de comunicação ou aos problemas profissionais de cada área – embora, claro, isso seja da maior importância. Pensar uma ética da comunicação implica ir além do que seria uma "ética da mídia", isto é, uma ética profissional, e pensar em outros termos: é necessário levar em consideração os pontos de conexão entre a mídia e a prática das interações cotidianas dos cidadãos por meio da linguagem.

Quando trazemos os temas da mídia para nossas conversas e questões cotidianas, precisamos assumir a responsabilidade por seus atos e juízos diante dos outros. Mais do que isso: devemos refletir sobre como os meios de comunicação alteram os ambientes sociais e culturais onde estão situados, bem como as representações que circulam a respeito de si mesmos e de seus possíveis interlocutores.

Os discursos da mídia, tal como se espalham nos ambientes digitais, mostram que as representações podem estimular sentimentos morais e interesse pela experiência dos outros (e com os outros) em termos de empatia e solidariedade, tal como explica John B. Thompson em seu livro *A mídia e a modernidade*.

A simples existência dessas percepções, no contexto da mídia, pode aumentar a pressão social por outros modos de enquadramento de sujeitos e grupos, evitando uma simples inclusão que geralmente os devolve para uma ordem discursiva já assimétrica e desigual. Uma maior pluralidade de atores sociais e lugares de fala em espaços de visibilidade pode ser conquistada, por exemplo, pela presença de representantes de grupos sociais historicamente marginalizados em programas de TV ou nas mídias digitais, despertando um envolvimento para além da mera empatia. O "aparecer" desses representantes articula a dimensão da visibilidade à possibilidade de romper *scripts*, roteiros predefinidos e identidades atribuídas, causando desconcertos e desencaixes entre o consensual e o dissensual. Não raro, é possível constatar o surgimento de uma solidariedade com os "não iguais".

REPRESENTAÇÕES NA MÍDIA

Mas, evidentemente, é necessário evitar qualquer otimismo vazio.

A superficialidade das narrativas da mídia, por exemplo, pode impedir um maior grau de envolvimento e responsabilidade dos indivíduos além da fina película do entretenimento individualista. Imagens dramáticas podem ser manipuladas e exploradas com a finalidade de mobilizar a simpatia ou a antipatia, a criação ou o questionamento de preconceitos.

O sentido de responsabilidade é diferente da capacidade e da disponibilidade efetivas de agir em prol da integridade do outro. Judith Butler, em seu livro *Quadros de guerra*, retoma o conceito de rosto em Lévinas para afirmar que muitas imagens midiáticas impedem que escutemos o clamor do sofrimento alheio; não permitem a emergência de sua voz, apenas exploram a representação de corpos que são julgados aptos ou inaptos a ser apreciados, valorizados e reconhecidos. Não obstante,

Butler considera que as representações e os enquadramentos midiáticos, na medida em que são o resultado de processos falhos de interpretação e caracterização do mundo, podem fazer que indivíduos revejam constantemente o modo como entendem e julgam a si mesmos e aos outros. Para ela, o "humano" encontra-se justamente nos desencaixes entre a apreensão midiática dos sujeitos (sua face) e aquilo que neles é incaptável e irrepresentável (seu rosto).

Isso significa, do ponto de vista ético do cidadão, questionar continuamente essas representações que conferem visibilidade a uma pluralidade de vozes em um local e tempo em que costumavam existir experiências e práticas singulares, locais e únicas. Muitas vezes, a pretensa pluralidade oferecida pelas representações midiáticas disfarça a reiteração de preconceitos e ideologias, reduzindo o outro ao "mesmo" e fragmentando vínculos de pertencimento e identificação.

Pense, por um minuto, nos estereótipos que circulam a respeito de outros povos e países – "argentinos são assim, ingleses são desse modo, franceses são daquele". Agora pense no que você sabe *de fato* sobre eles. A não ser que tenha tido oportunidade de morar por longos períodos em cada um dos países, esses estereótipos certamente chegaram pela via dos discursos da mídia ou por narrativas, igualmente estereotipadas, de outras pessoas. O que, no entanto, não nos impede de emitir julgamentos e fórmulas de conduta.

Isso nos leva a notar um ponto crucial na ideia de representação que geralmente deixamos de lado: boa parte dos julgamentos não é feita com base no que conhecemos a respeito do outro, mas, justamente, a partir do que *não se sabe sobre ele*.

O encontro, mediado ou face a face, entre diferentes identidades marca a importância adquirida pela dimensão do reconhecimento social e de um processo de acolhimento e discussão coletiva capaz de apontar alternativas justas de solução para conflitos e modos de opressão e desrespeito. Esse desafio requer uma percepção sensível das diferenças de opinião e de gostos, pois a ética, como reflexão crítica acerca de preceitos morais, implica justamente o questionamento, a reformulação e justificação das condutas por nós adotados em busca do bem-viver. A visibilidade proporcionada pelos *media* a narrativas e representações associadas a modos de opressão simbólica pode iniciar debates e discussões que mostrem questões relativas às demandas de grupos marginalizados por reconhecimento – mas isso pode ser apenas o começo.

Uma ética da comunicação deve levar em consideração o desejo e a necessidade de estar com o outro, de aceitar o desafio que o outro nos lança por meio de sua singularidade, de sua diferença. O encontro com o outro, seja na comunidade ou a partir das representações midiáticas, envolve sempre algum tipo de dúvida e de estranhamento, e é isso mesmo que leva ao surgimento de questões éticas.

(Ah, a propósito: o Doutor não destrói os Daleks.)

PARA IR ALÉM

MARCONDES, D. (org.). *Textos básicos de ética*. Rio de Janeiro: Zahar, 2009.
BOCCA, F. (org.). *Ética em movimento*. São Paulo: Paulus, 2009.
TUGENDHAD, E. *Lições de ética*. Petrópolis: Vozes, 1995.
PLAISANCE, P. *Ética na comunicação: princípios para uma prática responsável*. Porto Alegre: Artmed, 2011.

1. Ética e subjetividade: o que é ser alguém?

DIA DESSES, UM DE nós estava em uma loja da rede Starbucks tomando um café. Essa franquia tem como prática chamar os clientes pelo nome na hora de entregar o pedido. A balconista, com o copo na mão, leu o nome que estava escrito, hesitou um instante e chamou: "Sr. Darth Vader, seu café está pronto. Por favor, sr. Darth Vader". Um moço de gravata levantou a mão, se identificou como Darth Vader, pegou o café e, entre olhares incrédulos e cômicos, foi embora.

Certamente foi uma brincadeira – ele provavelmente não acredita que é personagem de *Star Wars*, nem que tem poderes *jedi* em conexão com o lado sombrio da Força (assim esperamos). Mas há algo de estranho quando publicamente uma pessoa escolhe ser outra. E, por outro lado, qual é o problema de alguém se identificar como outra pessoa? E se em vez de Darth Vader ele se identificasse como Princesa Leia? Essas questões abrem espaço para outra, mais difícil de responder: o que significa ser alguém no mundo contemporâneo?

Em uma época de conexões virtuais imediatas, economia global e tecnologia sem limites, perguntar "o que é ser alguém?" talvez pareça ingênuo ou desnecessário. No entanto, exatamente porque vivemos em um tempo assim, é preciso retomar essa questão. As conexões virtuais, a economia e a política mundiais colocaram os seres humanos diante de novos desafios de convivência. E, para essa convivência existir, parece importante voltar à questão "o que é ser alguém".

Como várias perguntas básicas, ela pode enganar em sua aparente simplicidade. Mas, como nos lembra Santo Agostinho em relação à pergunta "o que é o tempo?" em suas *Confissões*, sabemos perfeitamente do que se trata até alguém nos perguntar o que é.

Várias ações do nosso cotidiano dependem de como respondemos a essa pergunta. A ética que temos em relação aos nossos semelhantes depende em parte de quem consideramos "nosso semelhante". E isso é mais complicado do que parece. A noção de que "todas as pessoas são iguais" não foi aceita da mesma maneira em todas as épocas – e mesmo hoje em dia, embora seja em tese aceita, é desafiada todos os dias por atitudes que reduzem o outro a qualquer outra coisa, menos "meu semelhante".

Para entender a noção de pessoa, um primeiro exercício talvez seja desmontá-la. Não tanto no sentido da palavra, do latim *persona*, a máscara utilizada no teatro, mas analisando, em termos históricos, como aprendemos a guiar nosso olhar por essa categoria. Nessa operação de desmontagem, o primeiro alvo é a estabilidade da ideia de "pessoa".

DESMONTANDO UM CONCEITO

A noção de "pessoa" não é a única usada para definir o ser humano. Ela concorre, no cotidiano, com várias outras, carregadas de sentidos que levam a outras interpretações do que é ser alguém. As conversas no cotidiano, os termos oficiais e as definições usadas na economia mostram que "ser alguém" é apenas uma das condições do indivíduo.

Para a publicidade, você é um *target* a ser atingido; para a Receita Federal, um *contribuinte* a ser tributado; em algumas empresas, você é um *recurso* a ser administrado; perante a Constituição, um *cidadão* com direitos e deveres; para qualquer loja, um *cliente* a atender; para o mercado, um *consumidor*.

E uma série de números – RG, CPF, senhas e registros em bancos de dados. Misturando, em uma frase só, os filósofos Vilém Flusser e Pierre-Joseph Proudhon, e completando com Raul Seixas, ser alguém é também ser codificado, conectado, plugado, mapeado, digitalizado, twittado, blogado, perfilado, guardado em bits, pixelizado e significado, se quiser existir.

Essa instabilidade se revela na relação com todos os outros. Certamente você é muito legal para algumas pessoas e insuportável para outras. É uma mãe, pai, filho(a), amigo(a), namorada(o). E, sendo o mesmo indivíduo, é também diferente em cada uma dessas situações.

A expressão "ser alguém" traz em si uma ideia de permanência que, na língua portuguesa, pode ser corrigida acrescentando-se uma perspectiva temporal: "estar alguém". As experiências do cotidiano desafiam o indivíduo a se reorganizar constantemente, seja reafirmando seus valores, seja modificando-os.

Novas situações vividas podem colocar o indivíduo diante de desafios que o transformam, revelando capacidades, medos, potencialidades e dificuldades desconhecidos pela própria pessoa até então. Diante de um acontecimento novo, o "ser" de um instante atrás pode revelar atitudes completamente novas, tornando-se outro "eu".

Isso não significa necessariamente uma ruptura total com o passado: na dinâmica da vida humana existe espaço tanto para mudanças como para continuidades, e nem sempre um fato traumático causa uma mudança no indivíduo. Os pequenos acontecimentos cotidianos costumam revelar mais sobre nós do que os grandes incidentes.

É claro que as mudanças traumáticas e repentinas são percebidas com mais clareza do que as alterações cotidianas, mas o fato de algo acontecer em escala micro não o torna menos importante na montagem da complexidade do ser humano. Se hoje, pela primeira vez, fiquei com o troco a mais que me deram em uma padaria ou deixei de ceder o assento preferencial no ônibus, essa atitude revela a mim mesmo que minha ética é diferente do que eu pensava até minutos atrás.

Essas transformações ficam mais fáceis de perceber quando observamos a nós mesmos num período maior. Comparar o nosso "eu" de hoje com o de ontem não tende a revelar mudanças muito drásticas – salvo se aconteceu algo excepcional durante esse período. No entanto, quando se compara o "eu" de hoje com o de dez anos atrás, as transformações ficam mais claras – quais eram seus gostos musicais, suas roupas, seus amigos? Se você hoje encontrasse na rua o "você" de dez anos atrás, haveria que tipo de diálogo? Um dos dois sentiria orgulho – ou vergonha – do outro? Nesse exemplo, dois elementos podem chamar a atenção: você é uma pessoa completamente diferente da que era e, ao mesmo tempo, mantém alguns traços daquela época.

Essa dinâmica entre permanência e mudança é um dos pontos centrais da noção de pessoa. Perguntar "quem é você" talvez não esteja muito correto: o ideal, ainda que destroçando a língua portuguesa, seria "quem está você", sublinhando a dinâmica existente no fato de "ser alguém".

DE ANIMAL RACIONAL A *HOMO DEMENS*

A noção de pessoa, tal como a conhecemos hoje, é uma categoria relativamente recente na história ocidental. Os questionamentos a respeito do ser humano, no entanto, começaram ainda no início da filosofia. Perguntar o que é ser uma pessoa é examinar uma questão cuja origem, como quase todas as questões filosóficas, está na Grécia antiga. A pergunta não é pelo Ser, *ontos*, mas pelo humano, o *anthropos*.

Quando Sócrates traz o foco de investigação da filosofia do *cosmo* para o *anthropos*, de certa maneira ele rompe com parte da tradição da filosofia anterior e traz o exame da vida humana para o centro do debate, perguntando o que é a virtude, a justiça e o poder. Na obra de Platão, essas questões se desenvolvem em várias direções, assim como Aristóteles procura encontrar definições para o ser humano. A noção de "animal racional" é secundada, em A *política*, pelas condições de formação do participante da pólis.

Em diversos momentos da Idade Média, a pergunta a respeito do ser humano não se perdeu nem se resumiu a considerá-lo uma imagem e semelhança de Deus, mas a pensá-lo como parte de um projeto teológico que o colocava como pivô de forças cósmicas em combate.

A moderna noção de pessoa, de certa maneira, começa no Iluminismo, no século 18, a partir do momento em que se pensa o ser humano como racional, livre e responsável por suas ações. No texto "Resposta à questão: que é o esclarecimento?", o filósofo alemão Immanuel Kant explica que se trata da chegada do ser humano à sua maioridade, o que tem consequências éticas: em sua *Crítica da razão prática*, Kant indica que uma condição fundamental para a vida comum é considerar as pessoas fins em si mesmas, e não meios para se alcançar determinados fins – se todos os seres humanos são iguais, deve-se tratar a todos do mesmo jeito.

Essa mesma liberdade parece estar presente no conceito de pessoa que a Revolução Francesa traz décadas mais tarde, o "cidadão". Não é mais o "súdito" de um rei, mas a pessoa que mora na cidade, autônoma, livre. A igualdade entre os seres humanos significava o mesmo potencial de liberdade para todos – não fazia sentido considerar o outro um igual e tratá-lo como inferior ou superior. A liberdade implicava a igualdade. E, ao acrescentar a "fraternidade" a esses dois elementos, já se supunha uma regra prática para a vida moral: seres livres, iguais e racionais só poderiam escolher, como princípio de vida, a fraternidade.

E no entanto, apesar desse caminho apontado ainda no século 18, os 300 anos seguintes mostraram que a noção de "pessoa" era mais frágil do que parecia, e em vários momentos seres humanos foram tratados – e ainda são, em muitas situações –, no limite de sua condição, como coisas. Alguns exemplos bastam, a começar pelos vastos impérios coloniais europeus, que dizimaram milhares de indivíduos nas colônias da África e Ásia no século 19, passando pelos fascismos europeus, pelo regime de segregação na África do Sul e pelos conflitos étnicos e políticos que varrem o planeta até hoje.

O que todos esses fatos têm em comum? Entre outras coisas, uma maneira de ver os outros indivíduos não como "pessoas", mas como "súditos", "inferiores", "atrasados", "selvagens" ou qualquer outro termo.

No século 20, foi a vez de Sigmund Freud provocar uma mudança na noção de "pessoa", acrescentando à dimensão racional uma ligação profunda com forças irracionais, o inconsciente – e, desafiando a ideia de estabilidade, mostrou que nem nós mesmos podemos saber completamente quem somos. Antes dele, o filósofo Arthur Schopenhauer já havia indicado que o ser é guiado não pela razão, mas pela *vontade*, descrita como uma força "cega e irracional" que o anima. E, já próximo do século 21, o pensador francês Edgar Morin propõe que o humano seja compreendido além de sua dimensão racional, mas também em termos afetivos, emocionais, sensíveis e até mesmo insanos – ao lado do *Homo sapiens* aparece o *Homo demens*.

EXISTE ALGO CHAMADO "NATUREZA HUMANA"?

Em um episódio do livro *Harry Potter e a câmara secreta*, o jovem bruxo está em crise, duvidando de seu caráter. E se ele for mau? E se ele for o descendente de Salazar Slytherin, um bruxo de tempos distantes e sombrios? Quando pergunta isso ao Chapéu Seletor, um dos artefatos mágicos de Hogwarts, a resposta é direta: nossas escolhas, mais do que qualquer outra coisa, estão na raiz de quem somos.

Definir-se como alguém significa também fazer escolhas. É com base nessas escolhas que definimos, diante de inúmeros "eus" possíveis, qual será o "eu" existente no instante seguinte. As decisões tomadas, mesmo quando aparentemente insignificantes, mostram ao observador atento quais são os valores que orientam nossas escolhas.

Esses valores estão ligados ao que se chama, em algumas filosofias, de *razão prática*, isto é, os critérios racionais que orientam minha prática – as coisas que faço no mundo. Prática, aqui, não é usada como o contrário de "teoria", mas como sinônimo de "ação". Há duas perguntas possíveis aqui. Primeiro, qual é a origem desses valores? Segundo, essa razão prática nasce com os seres humanos ou é criada pela sociedade na qual vivem?

No primeiro caso, as respostas se situam entre dois extremos.

Em primeiro lugar, o determinismo, ideia segundo a qual o ser humano é dirigido por forças sobre as quais tem pouco ou nenhum controle. Em algumas de suas vertentes, o determinismo considera a liberdade de escolha do ser humano mera ilusão: há uma relação de causa e efeito que diz, de antemão, o que vai acontecer. Como, no entanto, não conseguimos ver e identificar as relações causais que dirigem nossas ações, temos a ilusão de que a escolha foi feita livremente. E, além disso, de que à nossa disposição estava um leque amplo e variado de opções.

Há várias modalidades de determinismo. Algumas reduzem todas as ações humanas a uma única causa – a sociedade em que se vive, as condições econômicas, a genética. Outras vertentes consideram que o determinismo é multifatorial: várias causas se cruzam no cotidiano, o que torna ainda mais difícil perceber as relações de causa e efeito e aumentar a ilusão de liberdade.

Em segundo lugar, a perspectiva de que o ser humano tem liberdade de ação, isto é, pode escolher livremente o que faz e é, sendo portanto responsável por suas escolhas. As condições sociais, econômicas ou genéticas de alguém podem certamente impor determinadas circunstâncias, mas cabe ao ser humano, livre e racionalmente, escolher suas ações e até mesmo alterar essas condições de acordo com sua vontade. Assim, o critério de qualquer decisão é que o indivíduo consciente seja capaz de elaborar, por meio de sua experiência e de sua linguagem, alternativas para os impasses que se apresentam.

Em *Moral value and human diversity*, o filósofo inglês Robert Audi propõe uma solução para a disputa entre o objetivismo e o relativismo moral diferenciando o que chama de *relativismo contextual* de *relativismo normativo*. Um erro, explica, é considerar que as diferentes aplicações de uma regra colocam em xeque a validade desta. Ao contrário, o que torna uma regra válida é a possibilidade de sua aplicação a circunstâncias diversas.

O *relativismo normativo* considera que não podemos falar em nenhum valor universal. Os critérios que levam o ser humano a agir são relativos às circunstâncias. Isso leva, segundo o autor, a uma impossibilidade de valores – se todas as normas éticas são válidas, nenhuma delas tem validade ou força diante das outras. Uma norma ética seria, por definição, impossível.

O que ele propõe como *relativismo contextual* é considerar que há valores universais, inerentes à natureza humana, *aplicados* conforme as circunstâncias. Valores universais manifestam-se na sua aplicação a situações particulares, o que não invalida a discussão ou o critério ético.

O autor usa um exemplo: em geral, sabe-se que não se deve estapear ninguém. No entanto, se em uma emergência preciso acordar alguém que dorme sob influência de tranquilizantes, posso eventualmente usar esse recurso. O fato de, contextualmente, agredir uma pessoa não significa que a regra "não agredir os outros" tenha sido violada ou invalidada, mas utilizada dentro de um contexto no qual sua aplicação literal seria mais agressiva do que o desrespeito a ela.

IGUAIS E DIFERENTES

A pergunta sobre a natureza humana é essencial para a convivência entre as pessoas. A resposta a tal pergunta não é apenas uma questão da ontologia – do grego *ontós*, o "Ser" –, mas está ligada diretamente ao modo como se compreendem os outros em relação a si mesmo. Cada resposta traz em si uma série de problemas. Se existe uma "natureza humana", então deve haver um conjunto de valores que ultrapassa as barreiras culturais e, portanto, é universal. A ideia de "natureza humana" coloca a espécie acima da cultura e das relações sociais de produção na qual essa cultura existe. Decifrar essa "natureza humana" seria encontrar alguns valores absolutos, isto é, que não variam conforme o tempo nem conforme o lugar. Por baixo das diferenças culturais e econômicas haveria elementos invariáveis, comuns a toda humanidade, independentemente de todos os outros fatores.

Por outro lado, se não existe uma "natureza humana", os modos de agir são construídos de maneiras diferentes pelas várias sociedades, cada qual com seus valores, modos de ser e de compreender o mundo. Os modos de ser são construídos nas relações sociais, aprendidos e interiorizados pela convivência com outras pessoas no cotidiano. Os seres humanos se formam mutuamente, constituindo-se ao mesmo tempo que o mundo no qual vivem. Não haveria, nesse sentido, uma "natureza humana" formada por elementos universais, mas tantos conjuntos de valores quantas forem as comunidades humanas. Mais do que a unidade de uma possível "natureza humana", entender a humanidade é celebrar a diversidade e as diferenças.

As duas concepções têm vantagens e riscos no que diz respeito à convivência entre pessoas e povos. A pergunta sobre a natureza humana não tem apenas caráter filosófico, mas também social e político. Levada a extremos, qualquer uma das concepções pode ser usada para justificar a violência, a dominação e até mesmo a destruição do outro.

Algumas decisões de caráter ético, por exemplo, dependem da resposta a essa pergunta. Devemos ser tolerantes com os intolerantes? Em nome da liberdade de expressão, devemos deixar que falem os racistas, os homofóbicos, os neofascistas? Se os deixo falar, a tolerância abre espaço para a intolerância, uma contradição. Se os proíbo de falar, sou igualmente intolerante, outra contradição. E no entanto, em alguns momentos, a democracia parece fundar-se nesse paradoxo.

Imagine, por exemplo, um país no qual as mulheres são consideradas criaturas de segunda categoria – devem obediência ao pai e, depois de casadas, ao marido. Ficam reclusas em casa, cuidando apenas da família e do mundo doméstico, com pouca ou nenhuma chance de reação caso sejam agredidas física ou moralmente (só lembrando aqui que não desconsideramos as várias possibilidades e táticas de resistência cotidiana elaboradas por essas mulheres). Sua vida é, em grande medida, influenciada pelas regras determinadas pelos homens com quem convivem e qualquer tentativa de mudança é vista como um erro.

Devo respeitar e compreender essa situação como fruto de uma cultura específica? Ou, em nome de algum suposto valor universal, devo me posicionar contra? Posso, em última instância, agir para derrubar o sistema político desse país e instaurar valores de respeito mútuo e igualdade de gêneros – mas, ao fazer isso, não estarei igualmente desrespeitando os valores dessa nação? Não há uma resposta única, porque nos dois casos há vários problemas implicados.

Se consideramos que existem valores universais, isso justificaria, em algum momento, o direito de impor aos outros esses valores. Isso significaria passar por cima das diferenças culturais e impor um critério único de ação – não estaríamos, nesse caso, fazendo da "natureza humana" um dogma em nome do qual se pode eliminar o diferente?

Por outro lado, se consideramos que os valores de cada cultura são absolutamente soberanos, quaisquer interferências externas seriam um desrespeito. O respeito pela "humanidade" começa pelo respeito às diferenças. No entanto, isso não abriria espaço para justificar *qualquer* coisa – a violência contra a mulher, por exemplo, ou mesmo um genocídio? Afinal, tratam-se de práticas culturais de cada povo.

A questão, nesse sentido, é observar e questionar diariamente os limites da noção de pessoa. O desafio da convivência é atribuir ao outro o mesmo *status* de "pessoa", e também de interlocutor digno de respeito, escuta e reconhecimento que se dá a si mesmo.

PARA SE CONHECER MELHOR

JOVCHELOVITCH, S. "Vivendo a vida com os outros: intersubjetividade, espaço público e representações sociais". In: GUARESCHI, P. ; JOVCHELOVITCH, S. (orgs.). *Textos em representações sociais.* Petrópolis: Vozes, 1995, p. 61-85.

MARTINO, L. M. S. *Comunicação e identidade.* São Paulo: Paulus, 2010.

SILVA, T. T. (org.). *Identidade e diferença.* Petrópolis: Vozes, 2009.

2. Ética e narrativa: falar de si, falar dos outros

Como recorda o pesquisador George Gerbner no artigo "Stories we tell", as histórias que contamos são um dos principais fatores na formação dos vínculos entre pessoas e, por isso, fundamentais para o surgimento de comunidades e sociedades. Contar uma história, mais do que simplesmente relatar um fato, é uma operação complexa, que demanda de questões de estilo e problemas de texto à escolha de foco, personagens e às visões de mundo presentes em qualquer narrativa.

O ato de contar histórias está ligado a um sentido de compartilhar algo com outras pessoas, dividir o que vivemos, compartilhar experiências e vivências – e isso, aparentemente, nos ajuda a viver juntos, a nos sentir mais fortes ou, pelo menos, menos fracos. Dividir histórias é criar um vínculo, uma ligação com outras pessoas, talvez o ponto de partida para a solidariedade.

Histórias são contadas para o outro; mesmo quando a narrativa é feita para si mesmo, os fatos narrados e o modo de narrar se misturam com a recordação do que outros contaram. O ato de contar uma história permite pensar e entender a comunicação como uma forma de encontro com o outro.

A noção de "narrativa", aqui, é entendida em sentido bem amplo: acompanhando Gerbner, a palavra se refere a todas as histórias que contamos, sem que estas fiquem necessariamente restritas a determinado gênero, modelo ou formato. No centro de qualquer narrativa podem ser encontradas questões de comunicação que ultrapassam fronteiras de espaço e tempo – ao que tudo indica, todos os povos e agrupamentos humanos tiveram suas narrativas.

Afinal, em algum momento, milhares de anos atrás, alguém muito parecido com a gente resolveu contar para todo mundo como tinha sido a caçada naquele dia e pintou sua experiência na parede de uma caverna. Mais ou menos como fazemos hoje ao postar coisas em redes sociais. A diferença é que os detalhes de nossa vida cotidiana não devem sobreviver por muito tempo no espaço digital, ao contrário das pinturas rupestres. Desde então não paramos de contar histórias, de deixar registrado para o presente e para o futuro o que acontece conosco.

Mas isso não significa que todas as narrativas sejam a mesma.

A NARRATIVA COMO CONHECIMENTO E CLASSIFICAÇÃO DA ALTERIDADE

Retomando as ideias de Gerbner, boa parte daquilo que sabemos foi endereçada a nós por meio de narrativas. Ninguém estava lá quando Colombo chegou à América, em 1492, e só havia uma testemunha quando o astronauta Neil Armstrong pisou na Lua, em 1969. Mas não precisamos ir tão longe: também não estamos presentes na maioria esmagadora dos acontecimentos cotidianos. Eles chegam ao nosso conhecimento a partir de narrativas, tanto as pessoais quanto as institucionais, incluindo aqui aquelas articuladas pelas mídias tradicionais e alternativas.

Nosso conhecimento do mundo, em boa medida, é de segunda mão – no mínimo, na medida em que a circulação de narrativas, na sociedade, tende ao infinito. Essas narrativas que se entrelaçam com nossas histórias são responsáveis, até certo ponto, por definir o que conheceremos ou deixaremos de conhecer sobre a realidade. Elas me dizem não só "o que" conhecerei, mas também "como" conhecerei. Em outras palavras, o que chamamos de "realidade" é construído nas tramas narrativas do cotidiano, recorda Jerome Bruner no artigo "The narrative construction of reality".

O que poderia, a princípio, ser chamado de "ponto de vista" da narrativa vai além disso: trata-se de um complexo sistema de interpretações da realidade que permitem apenas *entrevê-la*, lembra Terry Eagleton. As narrativas estão ligadas aos sistemas classificatórios dos grupos e indivíduos que as narram. Toda narrativa traz, inscritas em si, as marcas do contexto em que é produzida. Isso talvez vá além de uma perspectiva imediata, na qual a narrativa poderia ser classificada como um "produto de sua época".

Quando contamos uma história, esta não pode ser separada da realidade de quem narra. Só podemos contar uma história na medida em que compreendemos os fatos que serão transformados em seus elementos fundamentais. No entanto, essa apreensão acontece de acordo com a minha maneira de conhecer – e, nesse sentido, não é apenas "minha", foi formada ao longo de minha vida, de meus relacionamentos, de minha trajetória dentro da sociedade.

Narramos com base no que sabemos, mas o que sabemos está ligado diretamente às condições que temos de conhecer a realidade. E tais condições formam, em nossa mente, o jeito como entendemos o mundo e o explicamos aos outros.

Não há o que dizer quando o mundo se apresenta como enigma – salvo, talvez, quando o enigma das coisas se transforma pela palavra poética.

Classificar a realidade é, desse ponto de vista, um dos elementos fundamentais para a construção de qualquer narrativa: só consigo falar de outras pessoas a partir do momento em que as entendo; no entanto, para entender o outro dependo de categorias, a princípio, minhas. Posso dividi-las com eles, mas não há necessariamente uma identificação completa entre os "quadros" que uso para entender a alteridade e as molduras utilizadas pelo outro para entender a si mesmo e a mim – a ideia de "enquadramento" vem do livro *Os quadros da experiência social*, do sociólogo canadense Erving Goffman.

Mas como são formadas essas classificações? Sem a pretensão de nenhuma digressão histórica, vale assinalar, com base num livro de Antonio García Gutiérrez chamado, sintomaticamente, de *Desclasificados*, que toda estrutura lógica de classificação da realidade é arbitrária. O que chamamos de "lógica", por exemplo, e parece ser muitas vezes o melhor exemplo de classificação "objetiva", é desafiado constantemente.

Jean Piaget, por exemplo, mostra, em vários de seus estudos, que a lógica das operações mentais das crianças, longe de estar "errada" como poderia supor o senso comum, é apenas diferente daquela empregada pelo adulto – não por acaso, o pensamento mágico do universo da criança aceita ideias da imaginação.

Assim, classificar e narrar estão diretamente ligados. Só é possível narrar baseando-nos nas classificações que usamos para entender o mundo. Só entendemos a realidade partindo das categorias possíveis em determinado momento, que se impõem logo que a narrativa começa a ser criada. Por sua vez, as narrativas se tornam parte do que entendemos por "realidade".

As classificações que estão na base de qualquer narrativa constituem, assim, um paradoxo: como recorda Goffman, sem esses enquadramentos a experiência da realidade se torna incompreensível; com eles, no entanto, a realidade é aprisionada em esquemas de sentido previamente dado. A alternativa que pareceria se impor, a princípio, seria entre um conhecimento desprovido de categorias, ontologicamente impossível, e o uso de categorias que necessariamente reduzem a realidade social à pessoa que conhece.

A DIMENSÃO ESTÉTICA E AFETIVA DA NARRAÇÃO DO OUTRO

A narrativa é um espaço de encontro com o outro. Ao contar histórias, criamos vínculos que ultrapassam a dimensão pessoal e subjetiva e formam um tipo de repertório comum, que se torna a ligação entre quem narra e quem escuta. O compartilhamento da narrativa implica algum tipo de interação com o outro.

Escutar e entender as outras pessoas, além de ser uma questão ética, constituem também um desafio à sensibilidade; mais do que entender o outro como alguém que se encaixa em nossas categorias lógicas, é preciso vivenciar o contato com ele em toda sua diferença, naquilo que o torna "infinito", nas palavras de Emmanuel Lévinas.

Esse infinito do outro é entendido apenas quando conseguimos abrir nossa sensibilidade para tentar compreender o que ele ou ela sente, vive, enxerga. Quando começamos a tentar ver, no outro, um ser humano como nós, deixamos de classificar para compreender – isto é, abandonamos uma interpretação unilateral da outra pessoa para vê-la mais próxima de nós, sem dissolver suas particularidades, mas enxergando alguém que também possui qualidades, defeitos e potencialidades. É ao tentar compreender o outro que podemos começar a falar não só dele, mas sobretudo com ele. Em outras palavras, é uma tentativa, sempre incompleta, de buscar outros pontos de vista e entender que nossa visão de mundo pode não ser a certa. E que seguramente não é a única.

É nesse sentido que podemos falar de uma *estética da alteridade*. A palavra "estética", vale lembrar, vem do grego antigo *aesthesis* e se refere aos vários tipos de sensibilidade que temos. É nesse sentido que o conhecimento das outras pessoas pode ser entendido como uma experiência *estética*: para além de qualquer questão estritamente racional, é preciso que nossa *sensibilidade* esteja aberta para compreender aqueles que nos rodeiam.

Embora o conceito de "estética", no sentido grego, estivesse ligado originariamente a uma noção física de "sensibilidade", logo a palavra passou a ser entendida também como a percepção estética que gera algum tipo de reação diferente do objeto que a causou; mais do que uma reação a determinada percepção, a estética parece ganhar uma dimensão produtiva.

É nesse momento que podemos questionar e rever os estereótipos e as classificações apressadas que geralmente guiam nossa interação com quem não conhecemos direito.

A revisão e desnaturalização dos estereótipos e das categorias cognitivas presentes quando falamos dos outros só são possíveis quando estamos diante de uma oportunidade de suspeitar dos juízos e dos códigos que definem quem pode ser apreciado como digno de valor, estima, respeito e quem não pode. A redefinição dessa sintaxe moral que define modos sensíveis de apreensão e reconhecimento do outro pode ser entendida como dimensão central da experiência estética da alteridade. Tal experiência se configura quando a narrativa do outro torna-se uma possibilidade de experimentar, no espaço dos afetos, o que são suas vivências e como fazem sentido em dado universo específico – muitas vezes, estranho a nós.

Evidentemente, isso não quer dizer que seja possível conhecer completamente outra pessoa. Se não temos um conhecimento completo nem de nós mesmos, seria muita pretensão achar que podemos entender integralmente os outros. Por mais abertos que estejamos para entender alguém, nossas experiências continuam sendo limitadas.

Quando interagimos com os outros na vida cotidiana, na verdade a relação não acontece entre duas pessoas, mas entre as imagens que elas têm uma da outra. E essa imagem é sempre apenas uma parcela da realidade.

Por exemplo, quando começamos a ficar amigos de alguém, aos poucos as primeiras impressões são substituídas por um conhecimento melhor do outro; com isso, algumas destas são transformadas ou mesmo destruídas. Nesse momento, o que pensamos ou fazemos em relação aos outros ganha uma nova dimensão: a pessoa, de *estranha*, torna-se *amiga*. Isso significa, na prática, que criamos laços afetivos e, com isso, nossa imagem da pessoa mudou – ficou mais ampla e mais nítida, por assim dizer.

Essa ligação baseada na narrativa imediatamente traz de volta a questão ética. Quando falo de alguém, *como* estou falando dessa pessoa? Como me refiro a ela? Como a situo no mundo? De que maneira eu *me* entendo em relação a ela? Para usar um exemplo extremo, o machista, ao falar das mulheres, vai sempre colocá-las em uma posição de inferioridade, seja como objeto, seja como alguém "naturalmente menos inteligente" ou "menos apta" a alguma atividade. Esse modo de falar, de narrar a mulher não é apenas um "jeito de dizer", mas revela de que maneira o outro – nesse caso, a mulher – está sendo entendido. E os exemplos poderiam se multiplicar ao infinito.

Há um segundo elemento: *quem* pode narrar? Como sabem os historiadores, o que chamamos de "História" é um conjunto de narrativas criadas, em geral, pelos "vencedores" dos diversos conflitos. No caso brasileiro, por exemplo, uma das primeiras narrativas sobre o que viria a ser o país é a carta de Pero Vaz de Caminha. Trata-se de um português falando de uma terra nova e dos povos indígenas. Até algum tempo atrás (e talvez até hoje), aprendia-se que o Brasil fora "descoberto" por Pedro Álvares Cabral. No entanto, sabemos que essa é *uma* narrativa entre outras – não temos, por exemplo, o relato dos povos indígenas a respeito dos portugueses. A história certamente seria outra.

Não por acaso, a possibilidade de contar a própria história é questão importante no pensamento político contemporâneo. A ideia de narrar a si mesmo, colocando o mundo dentro de sua narrativa, e não sendo colocado dentro de uma narrativa previamente categorizada, é um fato de considerável relevância nos debates públicos.

Dois exemplos podem ilustrar isso.

No livro *Domination and arts of resistance: hidden transcripts*, James C. Scott explica que alguns afro-americanos escravizados nos Estados Unidos conseguiam, quando alfabetizados, escrever algo a respeito de si mesmos. O autor mostra como essa possibilidade de narrar algo sobre seu cotidiano, falando de seu ponto de vista, era importante para a constituição de uma subjetividade, de uma autonomia política e até mesmo de uma resistência cultural baseada em narrativas.

De maneira similar, Margareth Rago mostra, em *A aventura de contar-se*, como as narrativas de mulheres feministas contribuem para a afirmação de uma identidade decorrente da possibilidade de narrar a si mesma em vez de "ser narrada" por outro – um homem, no caso. Nesse sentido, David Bohm pontua que a noção de "diálogo" não implica, em sua raiz grega, apenas a noção de um "di-logos", "duas-razões", pensando em termos de uma razão que se afirma com a outra; antes, sugere que a ideia de diálogo refere-se a "dia" como "através de": portanto, um "diálogo", tanto ou mais do que o exercício entre "duas razões" dos interlocutores, indica um caminho, uma trilha a ser seguida "através da razão", do reconhecimento do outro e de si mesmo como participantes de algo que depende de ambos, mas ao mesmo tempo se distingue radicalmente de cada um.

Narrar algo implica também uma vivência afetiva com o mundo que se vai narrar. A questão estética da narrativa não se desliga, nesse ponto, do componente afetivo: ao contrário, parece que seria possível situar o afeto no coração do elemento sensível. O vínculo estético, ligado ao afeto, é um dos modos fundamentais da comunicação, e sua presença na narrativa é fundamental para a criação de laços com o mundo narrado.

Por isso mesmo, de certa maneira, a estética da narrativa não deixa de lado sua imbricação no tecido social a partir do qual se definem os espaços de narradores e narrados; quem fala e quem "é falado", recorda Vera França em texto de 2006, estão vinculados ao mesmo espaço social, mas em situações diferentes. Apenas uma pequena parcela do mundo em que se vive pode ser convertida em narrativa, e menos espaço ainda existe para que essas narrativas se tornem conhecidas perante o público.

VIVER, NARRAR

Só muito raramente a vivência cotidiana é convertida em uma narrativa que chegue ao conhecimento público. Não que ela não exista nem se manifeste a todo tempo. Esse "contar coisas" dirige-

-se fundamentalmente ao outro, mas não a qualquer outro: o outro para quem eu puder falar, aquele disposto a me escutar.

O problema dos princípios vai além de uma questão prática da vida com os outros e está na base de uma questão epistemológica. Nem os fatos, para alguns filósofos, escapam dos princípios que orientam a percepção desses mesmos fatos.

Steven Lukes inicia seu livro *Moral relativism* discutindo o "relativismo cognitivo" e sua ponte com o "relativismo moral". O relativismo cognitivo desafia a pensar até mesmo em que medida os valores de uma pessoa ajudam – ou atrapalham – a observação dos fatos. Em sua versão radical, o relativismo cognitivo perguntaria mais: *há* fatos? Quais são eles? Para que seja possível *julgar* os fatos, não seria melhor saber até que ponto podemos *conhecê--los*? Lukes, nesse sentido, indica um vínculo entre a questão ética do procedimento e os problemas epistemológicos – discussão que, desde o início do século 20, vem desafiando a ciência.

Nesse sentido, o ambiente das mídias digitais e os modelos de "conexão constante" são os indicadores quantitativos do diálogo: a interação nas redes sociais, ao menos em tese, implica uma tentativa de contínuo diálogo com alguém que está distante e com quem se interage a partir de uma tela.

É uma característica, sem dúvida, mas, ao que tudo indica, trata-se de um potencial ainda não plenamente realizado. Daí o espectro de uma solidão imanente ao mundo on-line: o indivíduo conectado, sozinho diante da luminosidade de uma tela – expressão usada por Aarsand em estudo publicado em 2008. Não por acaso, talvez o título de um livro de Sherry Turkle, *Alone together* (sozinhos juntos), reflita esse paradoxo que desafia a estética de uma narrativa.

A experiência estética da narrativa como vínculo comunicacional exige abertura para o exercício da escuta. A narrativa, existindo plenamente apenas como circulação, e não como emissão desprovida de um sentido para os ouvintes, demanda a existência da possibilidade de ouvir o outro.

Dentro da reflexividade da narrativa, o ato de ouvir o outro não pode se tornar, como na maioria das vezes, compulsório para um e livre para outro; a obrigatoriedade de uma narrativa talvez não implique a formação de um espaço de "compartilhamento", mas de "transmissão", retomando uma ambiguidade da noção de *communis* apontada por Venício Lima.

O "tornar comum" da comunicação, nas narrativas, parece exigir algo a mais: a formação de um espaço intersubjetivo que, sem pertencer a um sujeito específico que o "cede" ou "compartilha" com outro, forma-se no momento da relação com a alteridade. Nesse sentido, talvez seja possível evocar a frase de Lévinas em *Entre nós*, quando afirma que "nós" não é o plural de "eu": a natureza do "nós" demanda a constituição de uma resposta do eu ao outro, uma "responsabilidade", se é possível jogar com a raiz da noção de "responder"; é nesse espaço de entremeio narrativo que o vínculo comunicacional parece emergir com mais força da formação de uma narrativa.

Assim, a dimensão estética da narrativa seria um modo de abertura reflexiva para a alteridade. Sua plena realização aconteceria nos momentos em que, a partir de transformações nas condições de elaboração narrativa, a relação de dupla apreensão do eu e da alteridade dentro das narrativas respeitaria o próprio ato narrativo do outro em sua autoapreensão e na modalidade como sou apreendido dentro de sua narrativa.

Esse processo comporta os vários termos representacionais em uma constante relação: entender tais termos em seu aspecto relacional e dinâmico é uma das formas de constituir, agora entre os "narradores" de cada momento – e não entre "narradores" e "narrados" previamente estabelecidos –, um espaço de construção do comum, de comunicação.

FALANDO NISSO

Motta, L. G. *Análise crítica da narrativa*. Brasília: Ed. da UnB, 2013.
Lima, L. C. *Mímesis e modernidade*. Rio de Janeiro: Graal, 2001.

3. Pequenos problemas, grandes negócios: a ética das decisões cotidianas

UM DE NÓS ESTAVA, outro dia, esperando na fila da caixa do supermercado. Na nossa frente, uma senhora passava suas compras. A certa altura, ela conferiu o terminal de vídeo da caixa e, segurando um rolo de papel-alumínio, reclamou: "Na prateleira está R$ 3,25. Aqui passou R$ 3,46". A caixa chamou o supervisor. Passados alguns minutos ele chegou, conferiu e, de fato, o preço correto era o mais baixo. Quando a cliente estava indo embora, um senhor na fila disse em voz alta: "Empatou esse tempo todo por vinte centavos?" Ela respondeu: "Estou no meu direito! Pedi o que é meu e é certo". "Mas nem sempre o que é certo é bom!", retrucou o senhor.

Essa situação corriqueira desafia-nos a pensar numa série de questões éticas que estão por trás das atitudes de cada um dos personagens envolvidos. As ações do cotidiano, mesmo as mais simples, revelam nossos valores, crenças e critérios éticos tanto quanto as grandes decisões da vida. Tanto as grandes quanto as pequenas decisões são orientadas por *valores*, isto é, critérios usados para julgar o que se deve fazer e avaliar os resultados das ações realizadas.

Falar em valores pode parecer ingênuo, anacrônico ou até mesmo de um moralismo fora de lugar no mundo contemporâneo. As disputas de poder, seja na política, nas organizações ou mesmo na família, os jogos de interesse nos quais tudo é feito com segundas intenções, o individualismo e a competitividade do hipercapitalismo parecem não deixar espaço para que se fale de valores ou ética. No entanto, é justamente por isso que precisamos discutir os procedimentos e os critérios que fundamentam esses procedimentos.

Os valores que fundamentam as ações, isto é, a ética que orienta a prática, fazem parte de nosso caráter e são adquiridos, segundo Aristóteles, pelo hábito. Isso permite explicar, por exemplo, por que a ética só vem à tona quando ocorre uma espécie de "separação" entre uma ação qualquer e os procedimentos habituais. Não por acaso, a palavra grega para "separação" é *krisein*, de onde se originou o termo "crise": os princípios éticos de um indivíduo ou até mesmo de uma sociedade são pautados para a discussão em momentos de crise, quando deixam de orientar as ações como haviam feito até então.

Questões desse tipo só aparecem onde há liberdade e racionalidade para tomar decisões, como escreve o filósofo Timothy Chappell em *Ethics and experience* – falamos dele na Introdução. Quando há mais de uma opção para fazer alguma coisa é preciso escolher, e todas as escolhas estão, de alguma maneira, fundamentadas na análise racional dos valores de quem escolhe.

A ÉTICA DO ANIMAL RACIONAL

Aplicar a razão à solução de conflitos é uma característica humana. A maior parte dos outros animais encontrou soluções bem mais simples para resolver seus problemas de relacionamento: o mais forte ganha, o mais fraco perde.

De alguma maneira, a racionalidade humana se sentiu particularmente incomodada com isso e, embora ainda hoje frequentemente recorra a esse mesmo princípio – chama-se "guerra", sendo muitas vezes revestida de uma mitologia de honra e bravura –, há uma diferença bastante clara: o uso da razão aplicado ao modo de vida traz – ou pelo menos deveria trazer – uma chance de reverter esse quadro. Em *Ethics and experience*, Chappel acrescenta que, embora no campo dos relacionamentos humanos e, portanto, vinculada à afetividade, a discussão sobre ética é sobretudo uma ação racional dirigida à pergunta sobre como se pode viver bem.

Isso acontece até mesmo nos fatos mais corriqueiros que, aparentemente, estão relacionados com coisas tão fúteis que não seriam dignas de uma análise mais detalhada. No entanto, talvez seja nos microprocedimentos do cotidiano que os princípios éticos de cada um fiquem mais visíveis.

Diante de um pudim de leite com calda de caramelo particularmente delicioso e proporcionalmente calórico há um leque possível de atitudes a tomar – da resignação de comer um prato de alface à perspectiva de devorar o doce até o último pedaço. Entre esses dois extremos há valores éticos que orientam a ação. Se me manter em forma é um valor mais alto do que desfrutar de um intenso prazer gastronômico, posso serenamente renunciar ao sabor. Se, por outro lado, acho que a preocupação com aparência é uma futilidade, autorizo-me a comer.

Mas nem todas as decisões estão nessa esfera estritamente pessoal. A política, entendida no sentido próximo do grego clássico como gestão das questões públicas visando à boa vida da comunidade, também é palco de conflitos entre princípios diversos.

A ética, nos dois casos, está diretamente ligada a pelo menos dois elementos: a liberdade de escolha e a relação com os outros indivíduos.

Em um mundo onde tudo corresse perfeitamente bem e não existissem crises nem a possibilidade de se fazer nada de errado não haveria nenhum problema relativo aos valores. Em uma sociedade na qual tudo fosse previamente determinado, todos os conflitos estariam por si só eliminados.

Diversos autores, como Platão e Thomas More, descreveram essa utopia em suas obras. Nelas, a felicidade é garantida pela ausência de conflitos. Não por acaso, ela é o mote de várias "distopias", espécie de utopias negativas – como *1984*, de Orwell, ou *Admirável mundo novo*, de Huxley. Nesses mundos, os conflitos de valores são eliminados, mas a liberdade dos cidadãos vai junto.

Nesse sentido, mesmo quem aparentemente não tem ética nenhuma – digamos, um político que desvia verbas destinadas à população carente – está pautado por valores bem claros, que poderiam ser resumidos em um princípio: a obtenção de benefícios pessoais está acima de qualquer coisa. Um princípio desse tipo seria *ético*? A resposta depende, em primeiro lugar, do que se entende por "ética".

Como vimos, há uma sutil distinção entre os sentidos da palavra grega *ethos*, origem etimológica de "ética": ela pode indicar tanto "caráter" como "costumes".

Assim, no que se refere à ética como "caráter", um princípio desses – obter vantagens pessoais a qualquer custo – talvez não soasse absurdo. No entanto, quando se pensa na ética como "costume" e, portanto, como uma prática social, esse nível de egoísmo seria claramente problemático. Em suas obras sobre filosofia prática, Aristóteles ressalta quanto é detestável, na vida em sociedade, o indivíduo que busca todos os benefícios para si mesmo em detrimento dos outros.

Entretanto, o costume, ao contrário das leis escritas, pode variar. E, quando isso acontece, há um choque de valores no que diz respeito às regras não escritas da vida em sociedade – em outras palavras, um conflito ético.

VERDADES INSUPORTÁVEIS

Pesquisa publicada em 2009 indica que um ser humano normal conta uma mentira a cada nove minutos, embora alguns pareçam facilmente superar esse índice. Isso significa que hoje, em algum momento, você mentiu (nós também).

E, no entanto, se alguém lhe pedir sua opinião, é provável que você responda de maneira categórica que é errado mentir. A verdade é um dos valores fundamentais da sociedade, e qualquer tipo de fraude é, desde os gregos clássicos, considerada errada. A pesquisa, no entanto, mostra que esse preceito é difícil de aplicar na prática. Optar por contar uma mentira, muitas vezes, não é um ato calcado no desejo irrefreável de enganar o outro.

Essa decisão, como várias outras, está ligada a algo mais sério que, de certa maneira, é a origem da questão a respeito dos valores – a convivência. O problema aparentemente não tem solução, porque seres humanos vivem juntos, sem se entender perfeitamente, há pelo menos dez mil anos, e em todo esse tempo nenhum de nós encontrou a resposta para isso. Mas, por algum motivo, continuamos tentando.

A vida cotidiana está recheada de pequenas mentiras, enganos, ilusões e autoilusões que, paradoxalmente, facilitam a convivência. Vejamos, por exemplo, as seguintes frases:

- Eu gosto de você, mas como amigo.
- Vamos ficar com o seu currículo, assim que possível a gente liga pra você.
- Eu te ligo, tá?
- Ah, se você gosta, usa.
- Não vai doer.
- É só um tempo, entende?
- Mandei a mensagem, acho que não chegou.

Elas dão razão ao filósofo polonês Leszek Kolakowski: "A mentira, embora seja um instrumento moralmente condenável, torna possível, senão ao menos suportável, a vida social".

O ESPAÇO DO AFETO

A ideia de que os valores estão atrelados sobretudo à razão não deixa de lado os aspectos afetivos do ser humano. Ao contrário, a reflexão ética aparece como uma análise que inclui os atos afetivos. O afeto, inclusive, pode ser um valor absolutamente fundamental ao se tomar uma decisão. Um pai que decida roubar comida para os filhos está colocando uma máxima moral de origem afetiva – "não deixar que os filhos passem fome" – no lugar de outra que diz "não roubar".

Vale ilustrar com um exemplo conhecido.

Nos instantes finais de *Star Wars*, Darth Vader está dividido entre duas lealdades: de um lado, sua fidelidade ao imperador Palpatine e ao lado sombrio da Força; de outro, o amor e a compaixão pelo filho, Luke Skywalker. Luke, por sua vez, está igualmente enredado em um paradoxo ético: matar o próprio pai é errado, ao menos em boa parte das culturas humanas, mas ao mesmo tempo ele precisa combater o imperador e seus aliados. O problema se resolve nos instantes finais, quando Vader se decide em nome dos laços de família: à custa da própria vida, destrói o imperador e salva o filho.

Conflitos desse tipo são o estofo das discussões éticas a respeito dos valores que usamos para tomar decisões. A escolha entre atitudes contraditórias significa aplicar, na prática, os princípios éticos que temos – ou dizemos ter. No caso, Vader reitera sua fidelidade ao imperador em vários momentos dos filmes, mas, no instante decisivo, abandona o princípio ético "devo obedecer ao meu mestre" e o substitui por outro: "devo salvar meu filho".

O afeto é uma dimensão fundamental da ética, uma vez que constitui um dos elementos presentes na construção de valores. Não por acaso, em *Ética à Nicômaco* Aristóteles dedica vários capítulos à amizade, a *philia*, sentimento próximo do amor ou uma das formas de amor, indispensável para a boa vida em comunidade e também para a formação do indivíduo. E, mais de mil anos depois, Spinoza, em sua *Ética*, parece indicar quanto as coisas que provocam "afecções" no caráter – um dos sentidos do termo *ethos* – influenciam os indivíduos.

UM PARADOXO COTIDIANO DA MORAL

Um dos principais problemas relacionados aos valores éticos e morais diz respeito ao raio de ação no qual eles são válidos. Há pelo menos duas fronteiras a respeito das quais se discute. De um lado, a fronteira do tempo; de outro, a fronteira cultural e social. A história mostra que os valores fundamentais de uma época podem não significar absolutamente nada em outra. Para ficar com um único exemplo, a escravidão, que causa horror aos olhos contemporâneos, era aceitável em uma civilização com o requinte da Grécia clássica, e até mesmo um pensador do porte de Aristóteles, em sua *Política*, explica-a, mas não faz uma condenação veemente como se espera de qualquer um hoje em dia com o mínimo senso – e dificilmente alguém acusaria Aristóteles de não pensar.

Os valores éticos, do mesmo modo, não podem ser dissociados da cultura que os produz e dentro da qual eles são válidos. Transpor os valores de um cidadão chinês para seu vizinho indiano seria de uma agressividade sem tamanho. Vivendo em sociedades diferentes, com organizações sociais, econômicas e culturais diversas, cada um deles tem seu senso de valores e responsabilidades. O que é moralmente inatacável para um pode não significar absolutamente nada para o outro. A moral de uma sociedade por vezes não tem nenhuma relação com a de outra, não existindo, entre elas, nenhuma relação de superioridade. São apenas diferentes, fruto de processos históricos, materiais e culturais diversos.

Falar de "valores", nesse sentido, é sempre se referir a uma série de princípios que só valem para as pessoas que pertencem a determinado grupo social, restrito no espaço e no tempo. A ética parece circunscrita ao espaço no qual é criada.

E, no entanto, isso conduz a um paradoxo.

Imagine-se a seguinte situação: em certo país, uma mulher é acusada de trair o marido e, segundo a lei, deve morrer. Que atitude a comunidade internacional deve tomar? Qual seria a conduta a ser adotada por mulheres de outro país engajadas em combater esse tipo de violência?

A resposta depende do que se entende como campo de ação dos valores – em outras palavras, se existem valores universais ou não.

Se existem valores absolutos, algumas ações são necessariamente ruins e devem ser combatidas a todo custo, ainda que isso signifique usar de violência. No exemplo, se o valor "preservar a vida humana" é universal, ele deve ser imposto ao país no qual a mulher está sendo condenada, mesmo que isso signifique uma agressão à sua cultura e aos séculos de história que a protegem.

Se não existe uma verdade absoluta, então tudo é relativo; qualquer ação, até a mais escabrosa, pode ser justificada. Afinal, tudo está correto de acordo com algum ponto de vista – no exemplo, se na cultura daquele país matar mulheres adúlteras é correto, não há nada que se possa fazer exceto observar e, eventualmente, lamentar, mas respeitando o direito de cada cultura de matar quem quiser.

Esse paradoxo a respeito da aplicação dos valores está entre as bases da democracia. Como lembra o filósofo alemão Jürgen Habermas, um dos fundamentos democráticos é a ideia de que todas as pessoas envolvidas nas decisões reconheçam alguns princípios comuns a partir dos quais se possa deliberar. O problema fica ainda mais complicado quando se pensa que, nas relações internacionais, se está lidando justamente com povos com culturas completamente diferentes – e as resoluções internacionais podem não fazer o menor sentido para alguns países.

A ÉTICA NA FILA DA CAIXA

A situação vivida no supermercado permite observar o confronto entre dois conjuntos de valores que orientaram as ações de

ÉTICA, MÍDIA E COMUNICAÇÃO

cada personagem envolvido. Para a senhora que estava reclamando do preço errado, seu direito de pagar o valor correto estava acima da eventual pressa dos outros integrantes da fila; para o senhor que a criticou, ela colocou seu direito pessoal aos 20 centavos acima da solidariedade com as outras pessoas. A questão de valores está no princípio da ação: o direito individual, de um lado, e a solidariedade com o coletivo, de outro.

(Só para indicar o grau de dificuldade da questão, é possível inverter a pergunta e falar do individualismo dos que estavam na fila e da falta da solidariedade que demonstraram para com a cliente, que, afinal, reivindicava um direito legítimo.)

Nos dois casos, a discussão dos valores éticos está aplicada com base em um critério racional, um dos pilares de qualquer discussão ética. A própria visão dos fundamentos éticos de uma ação, e até mesmo do fato, varia de acordo com a concepção racional que se tem dela.

VOCÊ ESTÁ VENDO O MESMO QUE EU?

Se julgarmos a atitude da senhora de acordo com uma aplicação radical dos princípios do utilitarismo, formulado pelo pensador britânico John Stuart Mill, haveria provavelmente algum tipo de restrição. Pensando na felicidade como o maior bem possível para o maior número de pessoas, a vantagem prática da ação da cliente – receber 20 centavos – talvez não pudesse se opor de maneira plenamente válida ao fato de que havia outras pessoas aguardando, há um bom tempo, na fila. Ao dar prioridade ao fim em relação aos meios, o utilitarismo leva em conta as circunstâncias em que ocorre a ação e a finalidade desta, mas pode abrir uma brecha para procedimentos que, em nome de um "bem maior", não tragam felicidade a todos.

Já para o filósofo Immanuel Kant, a validade de uma ação depende dos princípios que a orientam. Na perspectiva kantiana, as coisas são boas ou más independentemente de sua finalidade ou dos resultados que podem produzir; elas são boas ou más de acordo com sua relação com o senso de dever.

A qualidade de um ato, para ele, está relacionada com o dever moral de se realizar esse ato. As circunstâncias, assim como a finalidade, não podem interferir na prática do dever, única forma de ação moral. Desse ponto de vista, a cliente do supermercado estava corretíssima em exigir seus 20 centavos. O princípio de sua ação – o de que o valor a ser pago deve respeitar o escrito – estaria acima de qualquer outro critério (ser legal com os outros na fila, por exemplo).

Quando, na *Apologia de Sócrates*, Platão diz que "uma vida não examinada não vale a pena ser vivida", abre uma brecha para se pensar também na ética das pequenas ações. Não é apenas a vida heroica ou trágica que deve ser examinada, mas aquela que, de fato, se vive no cotidiano. Ela é orientada, em última instância, pelos mesmos valores que definem as grandes ações. Seja uma decisão parlamentar, seja a atitude em uma fila no supermercado.

PARA IR ALÉM

CERTEAU, M. de. *A invenção do cotidiano – Artes de fazer*. Petrópolis: Vozes, 1994.

RIBEIRO, G. *O drama ético na obra de Graciliano Ramos*. Belo Horizonte: Ed. da UFMG, 2016.

4. Por favor, leia este capítulo: a ética da polidez

EM 1988, OS JORNALISTAS Luis Weiss e Lúcia Helena de Oliveira publicaram um texto na revista *Superinteressante* intitulado "Boas maneiras: por favor, leia este texto – Desculpe a pergunta, mas onde estão as boas maneiras no mundo de hoje?" A resposta, na reportagem, mostrava que a gentileza e as regras de convivência são muito mais do que simples formalidades; ao contrário, são fundamentais para a vida em sociedade. (Poderíamos começar agradecendo a Weiss e Oliveira pela inspiração para este capítulo.)

As boas maneiras, com todos os seus rituais, procedimentos e regras, podem ser entendidas como um complexo jogo de interações e comunicação com base no qual nosso cotidiano é criado – e a polidez é talvez a forma mais intensa da ética dessa relação.

Pensando na perspectiva da ética na comunicação, podemos entender a polidez e as boas maneiras como um conjunto de códigos interacionais que facilitam a vida em sociedade. No cotidiano, a polidez é uma forma superficial de comunicação, mas, ao mesmo tempo, uma das mais importantes: ela revela, imediatamente, quem somos, qual é nossa condição social e, em termos mais profundos, o que pensamos de nós mesmos e dos outros.

Em linhas gerais, a polidez tem uma única finalidade: tornar a vida em sociedade possível. Viver com os outros não é fácil e, para evitar que o cotidiano seja uma fonte inesgotável de conflitos, adotamos uma série de atitudes para tornar essa convivência mais confortável para todos. O conjunto dessas ações, que comunicam nossa intenção de viver bem com os outros, é o que denominamos "polidez". O bem-viver em sociedade é o objetivo principal da polidez.

A ideia de "bem-viver" é também uma questão de sobrevivência, uma tentativa de não resolver tudo pela força ou pela discussão. É porque precisamos estar juntos que, ao longo do tempo, as sociedades desenvolveram códigos próprios de conduta, passados e repassados a cada geração a fim de manter um mínimo de harmonia entre seus participantes. Uma sociedade, por exemplo, na qual todos falassem exatamente o que pensam a respeito uns dos outros, ou na qual cada um satisfizesse apenas as próprias vontades, teria pouquíssimas chances de se manter.

Dominique Picard, em seu livro *Pourquoi la politesse?*, no qual este capítulo é baseado, mostra como as relações sociais dependem, de maneira muito profunda, dos pequenos rituais cotidianos de educação, polidez e boas maneiras. O que costumamos agrupar com o nome de "educação", "bons modos", "boas maneiras" e "etiqueta" constitui, a rigor, estratégias de comunicação que utilizamos para facilitar o convívio com os outros. A ética da comunicação com polidez está baseada na ideia de que, dentro de uma sociedade, todas as pessoas compartilham alguns códigos de interação que podem ser facilmente compreendidos e aplicados.

De certo ponto de vista, a vida em sociedade é uma luta constante para alcançar um equilíbrio impossível: precisamos ter nosso espaço, mas também respeitar o dos outros; devemos ser discretos, mas ao mesmo tempo atenciosos; esperar nossa vez de falar, dizer "por favor", "desculpe" e "obrigado" mesmo que estejamos com pressa – em outras palavras, expressar o respeito pelos outros sem a menor garantia de que alguém fará o mesmo por nós.

Em muitos aspectos, a polidez representa exatamente o que *não* gostaríamos de fazer: nem sempre, quando se está muito cansado, temos vontade de ceder o assento a outra pessoa, nem sempre queremos esperar nossa vez de falar ou de sair do vagão do metrô.

No entanto, é *polido* fazer isso: não é uma obrigação, mas é o mais correto a se fazer – correto no sentido de que a polidez está ligada à ética, entendida como a busca do bem-viver.

Embora, obviamente, as regras de polidez não estejam escritas em nenhum lugar, percebemos sua importância e, especialmente, sua ligação com a comunicação quando elas são desobedecidas, o que costuma gerar inúmeros embaraços e constrangimentos no cotidiano.

Não por acaso, algumas das melhores histórias e cenas, do teatro aos filmes e séries de TV, aproveitam esses problemas de etiqueta, polidez e relacionamento social em seus enredos.

Para mencionar apenas três exemplos, algumas das melhores e mais constrangedoras situações de *How I met your mother* são causadas pela falta de polidez de Barney Stinson, amigo do protagonista Ted Mosby – por sua vez, sempre preocupado com essas questões. Em *The Big Bang theory*, a absoluta dificuldade do protagonista Sheldon Cooper de reconhecer qualquer tipo de padrão social de polidez é um dos elementos mais marcantes do enredo. Finalmente, em *My fair lady*, filme de George Cuckor baseado em uma peça de G. B. Shaw, a transformação da protagonista Eliza Doolittle, vivida por Audrey Hepburn, de "simples florista", como é denominada no início do filme, a "bela dama" passa por um longo – e hilário – aprendizado de boas maneiras.

UM EXERCÍCIO DE FALSIDADE?

Foi provavelmente Erving Goffman quem primeiro chamou a atenção para a força dos pequenos rituais cotidianos. Em alguns de seus livros, como *Comportamento em lugares públicos* e *Ritual de interação*, ele mostrou a importância desses comportamentos que, se examinados a fundo, aparentemente não têm sentido. Quando digo "bom dia", em geral estou dizendo apenas "olá, estou aqui, note-me", sem maior interesse em que o dia da pessoa seja *realmente* bom. Não que, por outro lado, se deseje o contrário: apenas não é o caso de lidar com isso no contexto.

Mas se, quando estamos sendo polidos e educados, não estamos falando a verdade, qual é o sentido desse tipo de comunicação? E, mais ainda, qual é a ética presente nisso?

Palavras nos enganam, e no caso das relações de educação, mais ainda. Quando estamos sendo polidos, o que falamos ou ouvimos não é entendido pelo seu valor imediato ou por sua relação com a verdade, mas pelo contexto em que essas palavras são utilizadas. Na comunicação da polidez, o que está em jogo não é a *verdade* do que falamos, mas o simples fato de que *estamos falando*.

Estamos, portanto, no domínio do *ritual*: é a força do gesto que conta, e não exatamente aquilo a que ele se refere. Os rituais de interação pela polidez, no caso, estabelecem uma fronteira superficial de comunicação: registramos a presença da outra pessoa, sabemos que estamos em interação com ela, mas, ao mesmo tempo, deixamos muito claro que essa interação vale apenas naquele momento.

Por conta, entre outros fatores, dessa característica de ritual, apesar de sua importância, a polidez às vezes é vista com certa desconfiança: seria, no máximo, uma espécie de comportamento artificial feito para esconder o que realmente sentimos ou pensamos. Um nível superficial e sem importância de comunicação entre duas pessoas. Para Picard, essa visão não é de todo errada: de fato, a polidez não está associada à sinceridade, mas à chance de iniciar uma relação interpessoal. Trata-se de um meio de *estabelecer contato* com os outros e, a partir daí, chegar à comunicação de fato – ser polido é a maneira de ultrapassar a barreira de indiferença que geralmente acompanha as situações mais comuns do cotidiano, ainda que isso não implique um contato mais profundo com quem quer que seja.

O termo "grato", por exemplo, vem do latim *gratia*, mesma raiz de "grátis"; significa "receber uma graça", no sentido quase de "favor divino". Evidentemente, quando digo isso a alguém o significado não tem toda essa força – não acho que alguém me deu uma dádiva dos céus por segurar a porta do elevador, por exemplo. Picard defende que a polidez é o único caminho possível para que a vida com os outros se torne suportável. Partindo de uma visão talvez meio negativa, ele entende que a polidez é a única forma de suavizar uma relação com o outro que, por si só, está permeada de conflitos latentes. Nesse sentido, as palavras evitariam que tais conflitos viessem à tona.

Não é a verdade do que dizemos que está em jogo: em termos sociais, a polidez é o elo com a realidade que nos circunda. É o modo de romper o silêncio normal das relações aleatórias da vida diária e, literalmente, mostrar aos outros que estamos ali.

IDENTIDADE E POLIDEZ

Mas não *qualquer* presença, e a polidez busca indicar justamente isto: ao ser educado com outra pessoa – por exemplo, dizendo "com licença" ou "por favor" –, estou imediatamente nos situando reciprocamente: ao escolher dizer "com licença" em vez de "sai daí!", comunico qual é o tipo de relação que pretendo estabelecer com a pessoa, quem eu penso que sou e como ela é.

Em termos de tempo, por exemplo, a comunicação da polidez é a mais rápida: dificilmente perdemos mais do que alguns segundos dizendo "por favor" ou "obrigado", mas são segundos fundamentais para estabelecer a relação que teremos com os outros. E, se não revelam nada de nossa vida *particular*, são decisivas para definir quem somos em *público*.

Dessa maneira, a polidez é, em primeiro lugar, um elemento responsável pela construção de nossa identidade social, aquela definida na interseção de jogos de linguagem, poder e distinção. Em boa medida, nossa identidade social é definida em nossas relações com os outros. Ou, como recorda Picard, o "sentimento de ser quem somos", as identificações, se definem sobretudo em nossa relação com os outros. Dessa maneira, a polidez é também uma maneira de nos situarmos na ordem do mundo social. O jeito como somos tratados e como tratamos alguém imediatamente mostra qual é a ordem da relação entre nós.

Nas microrrelações do cotidiano, a polidez também revela como o poder está escondido nas mínimas interações – a própria ideia de "boas maneiras", nesse sentido, está ligada a jogos de poder. Chamar alguém de "você" ou de "senhor" indica, de saída, como nos posicionamos desde o início em uma relação. Mas a situação vai mais além.

Tempos atrás, um dos autores do livro entrou em um café no centro da cidade.

"O que manda, doutor?", perguntou o balconista.

"Não mando nada", respondi, "só peço e olhe lá".

"Então não é doutor", disse ele, rindo. "Se não manda, não é doutor."

Há algumas coisas a aprender com essa situação.

Em primeiro lugar, uma relação entre poder e polidez: doutores "mandam"; "doutor" é um título de importância, não acadêmico. Quem "pede" e, portanto, não é visto como uma figura de poder não merece esse tratamento.

Por outro lado, a pressuposição de uma posição: para o atendente, uma pessoa relativamente bem-vestida, em um café bonito no centro de Belo Horizonte ou São Paulo é o suficiente para indicar algum poder – portanto, trata-se de um "doutor".

Finalmente, vale notar que o tratamento é predominantemente informal e, de alguma maneira, vinculado a certos ecos do patriarcado – o equivalente "doutora" quase nunca é utilizado no mundo social. Voltaremos a isso em outros capítulos.

A polidez, de certa maneira, expressa a consideração que temos – ou precisamos demonstrar – pelos outros. Isso pode ser observado, por exemplo, na maneira como as pessoas dirigem seus cumprimentos umas às outras em situações relativamente formais.

O presidente de uma empresa, por exemplo, tende a ser invariavelmente cumprimentado pelos funcionários de maneira completa, com algo como "Bom dia, doutor", mas o contrário nem sempre acontece. As saudações tendem a rarear conforme descemos no escalão da empresa, até chegarmos aos funcionários recebidos apenas pelos colegas e ninguém. O silêncio, por exemplo, que cerca os empregados em cargos entendidos como "subalternos" – palavra, aliás, que vem do latim *subalternus*, "que está abaixo de todos os outros" – é notório: os responsáveis pela limpeza ou pelos serviços de copa nem sempre são reconhecidos, nem sequer saudados. Finalmente, no cotidiano, há pessoas – por exemplo, quem vive em situação de rua – que nem sequer são vistas. Sua existência à margem das instituições as coloca também à margem da polidez.

Assim, mais do que um conjunto de convenções superficiais, a polidez pode revelar várias microestruturas das relações de poder presentes em uma sociedade. Algo muito além de qualquer superficialidade.

DA CORTE À CIDADE: ENTRE CORTESIA E CIVILIDADE

Se você for convidado(a) para um banquete na Idade Média, preste muita atenção a como vai se comportar.

Ao entrar no salão principal, lembre-se de quem você é dentro da ordem hierárquica da nobreza: reis, duques e condes são a "alta nobreza". Se esse é seu título, ocupe a mesa mais alta, ou as posições mais próximas do centro – o mesmo vale para cardeais e arcebispos, caso você seja do clero.

Porém, se você é da "baixa nobreza" – visconde, barão, cavaleiro ou dama da corte, ou bispo e padre, no caso da igreja –, nem se atreva: ocupe um lugar secundário e fique por lá, incógnito.

Caso, por uma graça do destino, o rei se aproxime de você, ajoelhe-se, olhe para o chão – jamais encare o sujeito nos olhos, por favor – e só fale se ele lhe der permissão. O tratamento é *sire*, palavra do francês arcaico que significa "senhor", próximo do *sir* inglês.

Trovadores, cantores, artistas e malabaristas: fiquem na sua e não esperem aplausos. Se vocês forem bem, talvez caiam nas graças do rei ou de algum nobre, ganhem uma moeda ou possam participar de outro banquete.

Se você é um simples pajem, dama de companhia ou um servo do castelo, o que você está fazendo no banquete? Contente-se em ficar na cozinha ou cuidando dos cavalos, que é seu lugar.

Essa rígida ordem, descrita nos parágrafos acima, indica um pouco da vida em uma sociedade na qual a polidez, mais do que um conjunto de regras não escritas, era parte fundamental do *ethos* do cotidiano, isto é, do modo de ser das pessoas da época. No livro *Medieval costume and fashion*, Herbert Norris mostra como as roupas usadas pela nobreza, bem como seus modos, eram parte de um complicado código de conduta destinado a mostrar, imediatamente, quem era quem – e também colocar os outros no seu devido lugar.

Nada muito diferente da moda na atualidade, de certa maneira. A diferença é que, na Idade Média, não se tratava, como hoje em dia, de uma questão de preferência. Mais do que isso, saber se comportar em uma situação como essa era uma prova de seu nascimento nobre.

Até a Revolução Francesa, em 1789, a ideia de que todas as pessoas são iguais simplesmente não existia. Acreditava-se, com maior ou menor força, que os nobres eram, de alguma maneira, melhores do que os outros em todos os sentidos. Afinal, se nasceram nobres, suas qualidades deveriam ser diferentes das dos meros mortais, e isso deveria ser visível em todos os sentidos. Naquela mentalidade, o nobre nascia "naturalmente" com bom gosto, honra, educação, lealdade e, claro, uma predisposição para as regras de polidez e tratamento na corte. Tanto no caráter quanto nas preferências e no cotidiano, os nobres eram "naturalmente" diferentes do povo – em latim, *vulgo*, com seu gosto vulgar e suas atitudes vulgares.

A polidez, dessa maneira, nasce também como um poderoso instrumento de distinção entre as classes, isto é, a capacidade de criar uma fronteira simbólica entre as pessoas – o "nobre" se opõe ao "vulgar" em todos os aspectos. A ideia de "distinção", aqui, é empregada no sentido de "diferenciação" e, ao mesmo tempo, "julgamento de valor": uma pessoa se distingue das outras pela nobreza de suas ações, por exemplo.

Não por acaso, nosso senso comum ainda guarda algo dessa tradição – por exemplo, quando dizemos que fulano tem um paladar "nobre" e gostos "refinados"; ao afirmarmos que determinado indivíduo tem "classe" ou "nobreza de caráter", estamo-nos apropriando, de certo modo, das categorias utilizadas na corte.

Daí a noção moderna de "cortesia": a pessoa "cortês" é aquela educada segundo os padrões da vida na corte. E, portanto, apta a seguir corretamente todos os rituais de etiqueta e polidez considerados corretos para marcar uma distinção de classe.

No livro *A distinção*, o sociólogo francês Pierre Bourdieu mostrou, com base em uma extensa pesquisa, como nossos gostos, ainda hoje, estão intimamente ligados a uma tentativa de nos diferenciar socialmente dos outros. O gosto musical, o jeito de vestir, a capacidade de reconhecer tendências e, claro, as "boas maneiras" são considerados de "bom gosto", distinguindo quem "sabe" de quem "não sabe" as regras. A "distinção" é um indicador do "capital cultural" de cada pessoa, isto é, seu repertório, de onde nasce sua capacidade de apreciar arte e cultura. Em termos simples, é o capital financeiro – o dinheiro – que leva uma pessoa ao Museu do Louvre, em Paris, mas é o capital cultural que diz o que ver por lá.

Em sua peça *O burguês fidalgo*, escrita em 1670, Molière mostra, de maneira irônica, os esforços de um rico burguês, *monsieur* Jourdain, para adquirir "boas maneiras" e, assim, conseguir acesso à nobreza. Ao longo da peça, o tom de humor é reforçado sobretudo pelas tentativas de Jourdain de ganhar certo verniz, nas atitudes e na cultura, para chegar aos espaços mais altos da aristocracia. No entanto, como não é nobre, todas as suas tentativas fracassam – sua busca de nobreza o conduz ao ridículo.

A peça mostra um conflito, latente naquela época, entre a burguesia e a aristocracia, problema que só se resolveria com a vitória dos primeiros na Revolução Francesa.

Enquanto a aristocracia obtinha dinheiro principalmente da renda de suas terras, os burgueses ganhavam com o comércio e a indústria. A renda da terra era algo fundamental: os servos trabalhavam para os aristocratas. Essa divisão se reflete, por exemplo, nos nomes próprios. No nome dos nobres, o título sempre se referia ao lugar de origem – "Eleonor da Aquitânia", por exemplo, significava "soberana" do lugar. Os burgueses, ao contrário, eram definidos por sua profissão: "Tom Baker" significaria "Thomas, o padeiro"; "John Smith", "João, o ferreiro" – similar ao que acontece com os sobrenomes "Ferreira" ou "Monteiro", para citar apenas dois exemplos.

Os burgueses venceram a Revolução, mas procuraram adaptar seu modo de vida aos princípios da aristocracia. Dinheiro do comércio, mentalidade da terra.

Essa tentativa da burguesia de emular os gostos aristocráticos, que começa ainda no século 16, está na raiz de inúmeras práticas associadas, mesmo hoje em dia, ao "bom gosto": nas propagandas de automóveis, por exemplo, os modelos "populares" são anunciados com preço e condições de pagamento, algo que não se vê nos anúncios dos modelos mais caros de cada marca. Aristocratas não lidavam com dinheiro e, ainda hoje, falar do assunto não é uma atitude considerada nobre em vários espaços.

Esse conflito teve uma repercussão direta na ética da comunicação envolvida na prática da polidez. Trouxe à tona o conceito de *civilidade*.

Nos dois volumes de seu livro *O processo civilizador*, Norbert Elias mostra como, lentamente, os conceitos de polidez e etiqueta foram se afirmando na Europa – primeiramente na aristocracia e, aos poucos, espalhando-se por toda a sociedade. Sobretudo naquele tipo de agrupamento humano gigantesco que, desde o século 15, estava se tornando cada vez mais comum – a cidade, baseada na indústria e no livre comércio.

A polidez é consequência, sobretudo, da vida urbana. Nas cidades, convivemos com milhares, milhões de pessoas que não conhecemos nem nunca vamos conhecer. Não há tempo para o estabelecimento de nenhum vínculo mais forte.

Em um vagão de metrô lotado, em horário de pico, dificilmente alguém vai abordar o leitor e perguntar "Oi, você é feliz?". No entanto, também não é possível ignorar a presença dos outros: em um trem lotado, a disputa por espaço pode a qualquer momento desencadear uma briga.

A única maneira de evitar conflitos é fazendo que todos aceitem algumas regras comuns que demonstrem o respeito pela coletividade. É preciso que cada pessoa controle seus atos, suas palavras e ações a fim de mostrar aos outros sua disposição para viver bem.

Anos atrás, um amigo nosso, inglês, esteve em São Paulo. Depois de uns dias, perguntou: "Por que as pessoas, quando vão sentar ao lado de alguém no ônibus, fazem um som sibilado com a boca?"

"Som sibilado? Como assim?"

"É, mais ou menos um 'sss-sss', dividido em duas vezes."

Então compreendemos que ele se referia ao "com licença" dito de maneira muito rápida e em voz baixa, enfatizando mais a palavra licença e acentuando sua parte final: "cença". No cotidiano, nem sempre dizemos alto e bom som "com licença, gostaria de sentar-me a seu lado": na velocidade das relações, e nas dificuldades de superar barreiras subjetivas de inibição, por exemplo, às vezes é preferível disparar um "cença" rápido e direto.

Esse controle de si na relação com os outros, não por acaso, é chamado de "civilidade", que vem do latim *civilis*, "cidade", e está na mesma raiz de "civilização". Nesse sentido, a polidez é, curiosamente, um meio tanto de aproximação quanto de distanciamento do outro. Ao ser educado, ao mesmo tempo estabeleço e coloco limites em uma relação de comunicação: estamos em contato, mas nada além do estritamente necessário e superficial – não é porque eu disse "bom dia" que tenho a intenção de conversar com a pessoa.

Podemos notar isso no constrangimento que alguns de nós sentem quando uma pessoa puxa conversa durante uma viagem de ônibus ou metrô: a barreira da polidez, nesse caso, é desconsiderada. No convívio com os outros, a comunicação é o fundamento da ética do bem-viver. O antídoto, ou única prevenção, contra a incivilidade. Se pensarmos especificamente nas interações em redes sociais digitais e em como *haters* dirigem-se a celebridades e pessoas ligadas a elas, certamente teremos várias indagações acerca de como a ausência de polidez vem configurando um tipo de incivilidade que pode prejudicar interações paritárias e respeitosas.

Obrigado pela leitura. Esperamos você na próxima página.

PARA CONTINUAR REFLETINDO

Anderson, A. A. *et al.* The "nasty effect": online incivility and risk perceptions of emerging technologies. *Journal of Computer-Mediated Communication*, v. 19, 2013, p. 373-87.

Mutz, D. C. *Hearing the other side: deliberative versus participatory democracy.* Cambridge: Cambridge University Press, 2006.

5. A ética da conversação: por que é complicado falar com os outros

Nick Naylor tem uma tarefa difícil: convencer o público norte-americano de que o cigarro não faz mal. Para isso, não pensa duas vezes antes de distorcer argumentos, misturar informações, negar evidências e arriscar sua vida tentando provar que não há relação entre o fumo e problemas de saúde.

Naylor é o protagonista de *Obrigado por fumar*, filme lançado em 2007 que, entre o humor e o cinismo, discute alguns dilemas éticos que, guardando as proporções, podem aparecer na vida de qualquer pessoa: até onde é possível alargar as fronteiras da própria ética em nome de outra coisa? Quando nossa ética é muito elástica, ainda podemos falar de "ética" ou essa palavra perde o significado?

Ele trabalha para Academia de Estudos do Tabaco, instituto que pesquisa os efeitos do cigarro no corpo humano, financiada pelas principais companhias de tabaco norte-americanas. Seus problemas se iniciam, de fato, quando seu filho começa a perguntar em que ele trabalha – e, nesse momento, ele tem de convencer a si mesmo de que sua atividade é correta.

Quando estudamos as relações entre ética e comunicação, precisamos levar em conta os processos tanto de produção quanto de circulação e compreensão das mensagens – o elemento fundamental quando as pessoas buscam se entender e solucionar as questões que regem os princípios de nossa vida com os outros. Esses problemas estão ligados não apenas ao modo como entendemos a nós mesmos – quem acho que sou –, mas também a como vou me relacionar com os outros no cotidiano.

Nas sociedades atuais, a busca do diálogo e da consideração dos pontos de vista de todos é ao mesmo tempo um desafio e uma necessidade: lidamos, ao mesmo tempo, com questões éticas de natureza subjetiva e com problemas morais que dizem respeito às relações interpessoais.

É importante mencionar que é possível construir modos de vida fora do imperativo da conectividade constante, da busca incessante do reconhecimento alheio, da mobilização e da intervenção social e política numa cadeia vertiginosa de transformações. A ética também diz respeito à busca de outras formas de ser no mundo, na contracorrente de modelos identitários preestabelecidos e papéis sociais rigidamente estruturados.

Nesse sentido, ao refletirmos sobre a ética no contexto da comunicação, é preciso fazer duas considerações principais. Primeiro, recordar que os processos éticos e morais, que envolvem o "bem-viver" tanto individual quanto coletivo, estão ligados diretamente ao modo como a mídia atua nas relações intersubjetivas, na construção das identidades subjetivas e também na elaboração de sentimentos morais a partir da representação dos "outros".

Em segundo lugar, precisamos levar em conta a dupla natureza da própria mídia. De um lado, atores midiáticos agem estrategicamente dentro de um mercado, pautados por uma lógica industrial de produção. De outro, possibilitam que discursos e perspectivas antes restritos a alguns espaços sejam conhecidos por setores mais amplos da sociedade. A mídia tem uma atuação dúbia e ambivalente: ao mesmo tempo que define que vozes e discursos serão ouvidos, pode dar visibilidade a diversas perspectivas sociais e políticas, como afirmava John B. Thompson em *A mídia e a modernidade*.

É nesse cenário que entra uma das principais teorias sobre ética, mídia e comunicação, a chamada *ética do discurso*.

O nome não é dos mais intuitivos: se pensarmos com o senso comum, o "discurso", entendido exclusivamente como a fala de alguém, não parece, à primeira vista, incluir uma ética. No en-

ÉTICA, MÍDIA E COMUNICAÇÃO

tanto, se entendemos discurso como algo mais amplo, que se refere a toda a nossa produção de linguagem, isto é, a tudo que dizemos e pensamos em determinado tempo e lugar, a questão ética aparece: os discursos não podem ser separados das condições de sua produção.

Assim, um discurso racista ou homofóbico não está ligado apenas à pessoa que o profere, mas também aos quadros simbólicos e aos grupos nos quais esse tipo de expressão circula, é aprendida e desenvolvida. Assim, quando falamos ou escrevemos, nosso discurso está sempre vinculado aos nossos pontos de vista e convicções, bem como à nossa visão de mundo – em outras palavras, à nossa ética.

A ÉTICA DO DISCURSO E A RELAÇÃO COM OS OUTROS

O filósofo alemão Jürgen Habermas começou a trabalhar em uma teoria sobre a ética do discurso ainda no final dos anos 1970. O primeiro resultado completo de seus estudos aparece no livro *Teoria do agir comunicativo*.

Em suas quase mil páginas, o filósofo expõe de maneira detalhada – *bastante* detalhada, aliás – uma concepção nova das relações entre comunicação e democracia pautada no *discurso*. É importante aqui destacar que "discurso" para ele são as trocas de pontos de vista, devidamente sustentados por argumentos e razões capazes de ser compreendidos e aceitos por interlocutores em igualdade de condições. Assim, em vez de olhar para os então chamados "meios de comunicação de massa", como já havia feito em um livro anterior, *Mudança estrutural na esfera pública*, ele se volta para as *interações e conversações* que acontecem no cotidiano a respeito de temas de interesse público.

A proposta de Habermas era, no mínimo, ousada – alguns críticos chamariam de "utópica" ou "impossível": para vivermos em sociedade e darmos conta de resolver nossos problemas comuns, a ética que conduz a troca comunicativa deve ampliar os horizontes éticos individuais, tendo em vista a consideração de questões que dizem respeito ao que é bom e justo para todos. A aposta era alta: apenas nos colocando no lugar dos outros, alargando nosso ponto de vista para além de nossos interesses, chegaríamos a uma vida em comum. Para Habermas, o caminho para que as pessoas alcancem um entendimento a respeito de seus interesses e necessidades é a interação discursiva – as conversações, sejam pessoalmente ou pelos meios de comunicação –, que acontece na esfera pública.

Para isso, Habermas propõe, como um dos fundamentos da ética do discurso, que o uso racional da linguagem é capaz de promover o entendimento mútuo e um acordo entre as pessoas envolvidas nas discussões práticas, formando a chamada "esfera pública", isto é, o espaço abstrato no qual os indivíduos usam a linguagem e o conhecimento de forma racional – o que não significa isenta de elementos estético-emocionais – para que possam chegar ao entendimento sobre algo no mundo.

Mas o que significa esse "uso racional da linguagem"? Ele se refere à utilização da linguagem para expressar pontos de vista devidamente embasados em justificativas que podem potencialmente ser aceitas como válidas por todos os interlocutores, diminuindo um pouco o espaço das emoções e dos sentimentos pessoais e parciais.

Em uma fórmula simples, o provérbio "quem grita perde a razão" define bem o conceito: quando, durante uma conversa, a emoção ganha terreno, em geral não há mais como falar, ficando espaço apenas para ofensas e acusações. Além disso, uma fala guiada pela emoção nem sempre é entendida ou mesmo considerada pelos interlocutores: a parcialidade de seu alcance dificulta seu compartilhamento e sua relação com um quadro mais amplo de interesses.

Mas isso não significa que as emoções deixam de ter importância para a identificação e o tratamento de problemas de justiça

ÉTICA, MÍDIA E COMUNICAÇÃO

nas esferas públicas: sentimentos morais como humilhação, desprezo, solidariedade, compaixão e empatia são necessários para que os sujeitos encontrem passagens e interfaces entre experiências individuais e coletivas. Habermas destaca a necessidade de traduzir as emoções pessoais em sentimentos morais que atravessam e articulam coletividades.

Em outras palavras, a proposta da ética do discurso é que a comunicação, pensada em termos mais simples como as conversações do cotidiano, tem a chave para o entendimento democrático entre cidadãs e cidadãos – desde que todos estejam dispostos a ouvir e a compreender as posições uns dos outros.

É possível perguntar, de imediato: desde quando seres humanos estão dispostos a "ouvir e compreender" os outros em uma discussão? Quando estou debatendo com alguém na defesa de meus interesses, meu primeiro impulso é vencer o debate usando qualquer meio, correto?

Habermas leva isso em consideração. Sua visão está longe de ser ingênua ou de depositar uma fé inabalável na honestidade das pessoas. Ao contrário, é *justamente* porque seres humanos não estão propensos ao diálogo e ao entendimento que é preciso deixar claras as regras éticas do discurso nas conversações cotidianas. Esse é um dos princípios fundamentais para vivermos em sociedade. Sem regras para a conversação, sem debate em condições de igualdade, a sociedade se fragmenta na violência e na imposição pela força. Se deixamos de lado a possibilidade de nos entender, a lei do mais forte passa a ser a única lei – e, quando isso acontece, estamos a um passo da violência e do totalitarismo político.

Um exemplo pode ser tomado de qualquer debate esportivo: como torcedores de um time, certamente nos deixamos levar pela paixão ao discutir um lance mais controverso. No entanto, se o caso em questão vai para a esfera do direito, espera-se que a preferência por esse ou aquele time não interfira no debate e, menos ainda, na sentença do juiz. Se fosse pautada apenas pela paixão, nenhuma discussão a respeito de esporte – ou de política, ou de problemas comunitários, ou de qualquer questão – seria possível. Para evitar isso, busca-se o auxílio da *razão comunicativa* a fim de se chegar ao entendimento.

Ninguém seria ingênuo de imaginar que é possível deixar de lado a paixão para fazer comentários "objetivos" a respeito de qualquer assunto: por isso mesmo, quando um problema ganha proporções maiores, tenta-se conseguir outra instância de julgamento, pautada pela lei e pela racionalidade, e não pela paixão.

A vida em sociedade, na democracia, depende do entendimento entre as pessoas, e não necessariamente na vitória de um grupo sobre outro pelo uso da força. Para que isso seja possível, Habermas faz uma proposta radical: só é possível pensar em democracia quando nos mostramos dispostos a nos colocar no lugar dos outros.

Na democracia, uma das questões fundamentais é *conviver* com a diferença, não *eliminar* nenhuma oposição – é a diferença entre ter *rivais*, com os quais se disputa algo, em uma relação de respeito, e *inimigos*, contra os quais qualquer meio é justificado.

A ÉTICA DO DISCURSO NA ESFERA PÚBLICA

Para que isso se concretize, é fundamental que existam espaços de discussão nos quais os interesses individuais possam ser colocados dentro de normas e parâmetros que garantam, ou pelo menos tentem garantir, algum entendimento – e não a imposição da vontade do mais forte sobre o mais fraco.

Na teoria de Habermas, esse espaço configura uma *esfera pública* ou *esferas públicas*, se quisermos considerar a multiplicidade de processos conversacionais e atores cívicos que se dedicam ao debate plural de questões coletivas.

Em sua concepção original, a esfera pública pode ser entendida como o espaço abstrato de discussão de temas de interesse público. "Abstrato" porque não existe propriamente um

ÉTICA, MÍDIA E COMUNICAÇÃO

"lugar" para a esfera pública: ela "acontece" sempre que cidadãs e cidadãos discutem um tema de relevância coletiva, colocando seus interesses particulares em jogo a fim de obter um entendimento comum.

Em *Mudança estrutural na esfera pública*, Habermas mostra como, a partir do século 18, esse espaço de discussão foi progressivamente "colonizado" pelos interesses de mercado. Assim, a "transformação" da esfera pública política burguesa se refere, em boa medida, à perda de autonomia do cidadão diante das exigências de um mercado cada vez mais poderoso.

Segundo ele, a comunicação formada por um público composto de cidadãos privados que debatem racional e publicamente um problema comum entrou em colapso quando os interesses de mercado ganharam proeminência. A esfera pública política, acrescenta, converteu-se em veículo de propaganda e de aclamação de opiniões previamente fabricadas.

Trinta anos depois de publicar essa obra, Habermas publicou o texto *Further reflections on the public sphere*, no qual argumenta (depois de várias críticas a ele dirigidas) que a esfera pública não deve ser compreendida no singular, como única, exclusiva e homogênea, mas como uma "rede" a partir da qual se forma, pelo debate paritário, a opinião pública.

Segundo o autor, essa rede se define pela vontade dos participantes do debate de buscar um entendimento. Assim, não é apenas o tema que conta, mas também os objetivos da discussão. Habermas chama a atenção, ainda, para o fato de que esses objetivos não podem ser voltados para a manipulação da vontade do outro – ou seja, os interlocutores não devem utilizar a linguagem visando atingir os próprios objetivos, mas tentando construir um acordo comum, ainda que provisório e passível de revisões posteriores. Nesse sentido, a linguagem e a forma como ela é utilizada na conversa são o coração da ética do discurso.

A importância da linguagem na teoria da ação comunicativa não está somente em sua capacidade de expressão, mas também na possibilidade de referir-se a si mesma e, em alguma medida, se explicar – quando, em uma conversa, temos de explicar "o que tentamos dizer", é só porque a linguagem permite essa curiosa ação de falar sobre si mesma.

A linguagem, nesse caso, é vista não apenas como uma forma de *expressão*, mas também de *ação*: nos debates travados em distintas esferas públicas, a linguagem é uma das formas principais de agir dos participantes. Cada coisa dita, cada fala ou proferimento é visto como uma "ação", na medida em que interfere no debate. Não se trata apenas de expressar um ponto de vista, mas de fundamentá-lo para garantir sua validade. Se, em termos de expressão, um "eu acho" vale nas conversações cotidianas, nas esferas públicas os argumentos precisam ser fundamentados para ter valor para os outros debatedores.

AÇÃO COMUNICATIVA E AÇÃO ESTRATÉGICA

Nesse sentido, é possível falar em uma *ética da linguagem*: a linguagem é o modo principal como entramos em relação com as outras pessoas. Nossa interação depende, em boa medida, da linguagem que usamos e de como a utilizamos. Desse modo, a linguagem não mostra apenas quem somos, mas também como apreendemos e definimos os outros. Iniciar uma conversa qualquer chamando o interlocutor de "você" ou de "senhora" já mostra, de saída, onde colocamos cada um dos participantes.

Nesse ponto, Habermas mostra que existem dois tipos de discurso, que geram a ação *comunicativa* e a ação *estratégica*.

Na ação estratégica, segundo Habermas, cada pessoa utiliza a linguagem procurando influenciar o comportamento das outras ameaçando-as com sanções ou tentando convencê-la com prêmios – no sentido real ou figurado – a fim de fazer que a interação prossiga de acordo com os desejos de apenas um ou de alguns dos interlocutores.

Na ação comunicativa, as pessoas procuram possibilidades de entendimento mútuo, considerando que os outros não são obstáculos a ser driblados para a conquista de objetivos particulares, como acontece na ação estratégica, mas parceiros dignos de respeito e reconhecimento.

Em sua obra, Habermas procurou mostrar como o uso da linguagem é capaz de promover o entendimento entre as pessoas a partir de um acordo entre os participantes de discussões – ao menos, por exemplo, a respeito do assunto a ser discutido e da validade e legitimidade de participação de cada um. Dessa maneira, não é qualquer discussão que se transforma em uma ação comunicativa na esfera pública. Ao contrário, há uma série de condições a ser respeitadas para que isso aconteça, e vale a pena destacar algumas:

TODOS PODEM FALAR LIVREMENTE, SEM CONSTRANGIMENTOS NEM COERÇÃO

A esfera pública só existe quando há igualdade entre os participantes. A conversa sobre salários entre o dono de uma empresa e um funcionário de cargo baixo certamente será desigual, por mais que se procure disfarçar isso. Patrão e empregado falam de lugares desiguais, partindo de relações de poder assimétricas. Eles têm poderes diferentes e, por isso mesmo, possibilidades de expressão diversas. Para que exista uma discussão justa, nos moldes de Habermas, é necessário que os participantes estejam em pé de igualdade – seguindo o exemplo, uma discussão sobre salários não será com um indivíduo, mas com uma categoria profissional. Isso permite a livre conversação sem que uma das partes se sinta ameaçada.

CADA PESSOA DEVE RESPEITAR O OUTRO E SEU DIREITO
DE TER UMA OPINIÃO DIFERENTE

O respeito à alteridade é o fundamento para a constituição da esfera pública. Se, de antemão, uma das partes julga a outra como inferior e se recusa a dialogar – por exemplo, em expressões como "não vou discutir com uma pessoa como você" –, é necessário que se ressalte imediatamente a condição de *cidadão* de ambos, mostrando que os dois lados estão aptos ao diálogo. Habermas lembra a importância de nos colocarmos no lugar do outro a fim de construir com ele uma relação de empatia recíproca. Para haver respeito e consideração da posição alheia, é necessário que os interlocutores atentem para o contexto da experiência a partir da qual argumentos e demandas ganham sentido. Isso só é possível se houver a possibilidade de deslocamento do eu em direção ao outro por meio de sentimentos como empatia, solidariedade e identificação.

Alimentar empatia por outras pessoas não significa amá-las nem deixar de discordar delas, mas desenvolver uma capacidade de escuta e acolhimento responsável pela ampliação do horizonte do qual um indivíduo interpreta e julga as reivindicações de seus pares.

Embora essa capacidade esteja no centro da ética do discurso de Habermas, ele pouco consegue avançar no estudo dos códigos morais que definem o modo como valorizamos ou desvalorizamos os discursos e os próprios sujeitos e grupos que, com suas interações, produzem lutas coletivas nas esferas públicas articuladas em rede (nesse ponto, a obra de Axel Honneth discute a influência dos sentimentos morais – desrespeito, injúria, humilhação, estima social, solidariedade e amor – nessas lutas).

CADA UM DEVE, DE ANTEMÃO, MOSTRAR-SE DISPOSTO A OUVIR O OUTRO E, MAIS AINDA, A MUDAR DE OPINIÃO

Nas discussões da esfera pública, além do respeito pela alteridade, deve existir uma disposição sincera para a resolução do problema em questão. Além disso, a fim de que ninguém tenha de ceder por completo, o que seria tendencialmente agressivo, todos os participantes da conversa devem estar prontos para ceder em alguns pontos. O exercício da reflexividade requer que nosso ponto de vista possa se manter aberto o bastante para que possamos alterá-lo em vista da consideração de outras opiniões expressas no debate. Se os participantes de uma conversação reiteram enfaticamente suas ideias sem dar ouvidos aos argumentos e testemunhos apresentados, fecham qualquer possibilidade de instauração de uma ação comunicativa.

VIDA PESSOAL NA ESFERA PÚBLICA

Esses três pontos poderiam sugerir que, na esfera pública, qualquer tipo de emoção ou sentimento está excluído, o que seria impossível – afinal, dificilmente alguém conseguiria manter-se completamente frio, calmo e controlado em discussões referentes aos seus interesses. Mais ainda, de acordo com o pensamento habermasiano, nem sempre é possível levar em consideração as desigualdades sociais, econômicas e políticas existentes entre os interlocutores quando se busca chegar a um entendimento.

QUADRO 2. Princípios e modos de discussão na ética do discurso

Princípio	O que diz	Como fazer
Racionalidade	Os pontos de vista expressos devem ter uma base que possa ser aceita por todos: não podem estar baseados em crenças, conceitos ou ideias estritamente pessoais.	Argumentos devem ser acompanhados de justificativas racionais: fatos concretos, comparações, exemplos, experiências ou outras fontes verificáveis.
Reciprocidade	Respeito mútuo e escuta atenta do ponto de vista dos outros. Os participantes devem estar abertos para trocar opiniões, esclarecimentos, aceitar ou responder aos pontos de vista dos outros.	Verificar se existe de fato uma conversa ou se algum dos participantes está monopolizando a discussão: quando isso acontece, os outros deixam de escutar e responder.
Reflexão	Cada participante deve estar disposto a alterar suas opiniões se confrontado com críticas ou argumentos que ache válidos.	Todo mundo pode mudar de ideia. Isso não é "perder": na deliberação o que vale não é a "vitória", mas o entendimento.

Igualdade para falar	Cada um deve ter condições de falar e questionar em pé de igualdade com os demais. Ninguém deve dominar a conversação ou silenciar os outros.	Organizar o debate para garantir que ninguém ou nenhum tópico tenha mais destaque. Descartar falas contra as regras – ataques pessoais, ofensas, ironias etc.
Liberdade para falar	Os participantes devem ser livres para emitir suas opiniões. As regras da conversa precisam garantir que os tópicos sejam discutidos, e não simplesmente propostos e ignorados em seguida.	Deixar claras as regras das conversa, definidas de comum acordo – quais são os tópicos, o que pode ser dito, a vez e o modo de cada um falar, a fim de que o direito de um seja também o de todos.
Inclusão	Todos os envolvidos com o tema podem participar do debate e contribuir com ele.	O acesso à discussão tem de ser garantido: as discussões devem ser públicas.
Transparência	Os argumentos e regras devem ser acessíveis a todos os envolvidos.	Os interesses de cada participante devem ser assumidos de maneira clara e direta.

FONTE: ELABORADA PELOS AUTORES COM BASE EM GRAHAM (2008), HABERMAS (1997), KIES (2010), MAIA (2008), MARCOCCIA (2003), MARQUES (2010), STROMER-GALLEY (2002) E WRIGHT E STREET (2007).

Contudo, e como Habermas admite, é um erro excluir questões pessoais das deliberações públicas, pois elas podem influenciar nossos interlocutores – e isso é parte do processo de negociação. Seria desastroso para as discussões sobre problemas coletivos se os interlocutores ocultassem suas intenções e se recusassem a justificar as razões que estão por trás de seus interesses, regras e objetivos.

Uma troca comunicativa justa e respeitosa precisa garantir que os interlocutores tenham acesso, ao menos em parte, ao universo singular que dá sustentação a demandas endereçadas à coletividade. Só podemos julgar de modo justo uma questão se compreendermos minimamente as condições e experiências que originaram um problema moral considerado digno de atenção coletiva.

As ações comunicativas não estão descoladas dos interesses particulares dos participantes de um debate. Pelo contrário: é no universo de compreensões e interesses singulares desses indivíduos que se configura um horizonte ampliado e partilhado de sentidos. Pode-se, contudo, questionar até que ponto a discussão fornece mesmo condições paritárias de expressão e enunciação.

A ÉTICA DO DISCURSO E O DESAFIO DE VIVER JUNTOS

Mas como fazer que diferentes grupos e indivíduos – os quais sustentam diferentes visões éticas e concepções de bem-viver – concordem em relação ao que é considerado justo para todos? A ética do discurso indica que, para que exista uma discussão com vistas ao entendimento, é fundamental que o debate seja feito com argumentos concretos e razões que os sustentem, mas sempre abertos, como mencionamos, para *adotar a perspectiva do outro*, buscando posições que permitam um acordo.

A ética do discurso reúne, então, princípios que tentam direcionar os indivíduos para a resolução cooperativa de problemas que atingem a todos. De acordo com Habermas, as normas e regras que guiam as relações humanas em sociedades complexas e plurais não podem ser mais definidas por princípios tradicionais, como as narrativas religiosas ou as tradições de uma comunidade.

Afinal, em uma sociedade na qual convivem pessoas de várias crenças, idades, gêneros, classes e etnias, o que é "certo", do ponto de vista religioso, para uma pessoa nem sequer é levado em consideração por outra.

Um evangélico e um hindu que morem em Belo Horizonte, por exemplo, não podem se apoiar nas respectivas concepções de fé para tratar de assuntos públicos, simplesmente porque os princípios de cada um são diferentes – o que não significa que não possa haver aproximações e diálogos, mas isso seria assunto para outro livro.

No entanto, os dois moram na mesma cidade e precisam participar de decisões relacionadas ao local onde vivem – por exemplo, diante de um projeto de lei para construir um novo aeroporto no centro de Belo Horizonte, ambos podem se manifestar, desde que utilizem argumentos que sejam aceitos como válidos pelo outro. Argumentos como "o aeroporto deve ser construído porque é da vontade de Deus" ou, ao contrário, "a construção do aeroporto é uma ofensa à Brahma" são igualmente inválidos por um motivo bastante simples: o evangélico e o hinduísta simplesmente não reconhecem a existência da divindade na qual o outro se baseia. É necessário, portanto, encontrar uma base comum a partir da qual os dois possam opinar, composta por informações reconhecidas como válidas e convincentes por ambos – dados sobre o impacto ambiental da construção, por exemplo, apelam para códigos morais de justiça coletiva e não só para princípios éticos.

Nesse tipo de discussão, chamada de *processo deliberativo*, os participantes procuram esclarecer e justificar seus interesses, buscando entendimento por intermédio do respeito mútuo. Isso não significa que interesses particulares não possam ser defendidos no âmbito de uma deliberação. O que se define é que as pessoas, ao esclarecerem e justificarem os pressupostos de seus interesses em um debate, reflitam sobre eles a fim de revê-los e, se necessário, alterá-los.

Dito de outro modo, a discussão permite expressar nossos desejos, sentimentos e necessidades – e, mais ainda, entender quais desses elementos pertencem apenas ao domínio do julgamento pessoal e quais podem ser compartilhados em uma argumentação, na medida em que se referem ao âmbito coletivo da justiça, das normas e dos direitos.

Trata-se de uma distinção fundamental entre a esfera *particular* e a esfera *pública*.

Se uma pessoa posta em uma rede social "terminei meu namoro", o problema é exclusivamente dela. Seus amigos podem fazer comentários igualmente pessoais – "que pena!", "sorte sua", "na próxima será melhor" –, mas ouve-se uma música triste e o assunto está encerrado.

No entanto, se alguém posta "terminei meu namoro porque meu namorado me batia", qualquer aspecto anedótico perde o sentido: a questão, embora envolva uma relação pessoal, mexe com um problema coletivo grave, a violência contra a mulher. Mais do que comentários dos amigos, a situação exige providências jurídicas. O caso não é mais "apenas pessoal": vai para a esfera pública. Afinal, outra mulheres passaram e passam por situações semelhantes, e, mesmo sendo um fato da vida pessoal, o interesse é público.

RUMO AO DIÁLOGO

Nick Naylor tem uma tarefa difícil. Sobretudo porque seu discurso está voltado para uma ação estratégica: ele não quer chegar a um acordo sobre o tabaco, mas *convencer* o público de que o cigarro não faz mal. Para isso, distorce a linguagem quanto pode para mostrar que está certo – e não mede as consequências de suas ações. Até que precisa explicar-se para o filho e então a estratégia falha, por uma questão lógica simples: não é possível distorcer a verdade e ser sincero ao mesmo tempo.

Porque as palavras, como lembra o filósofo inglês John Austin, não são apenas representações do que pensamos. Elas *mudam* nosso pensamento e nossas atitudes. Nesse sentido, *palavras são ações*. E, talvez justamente por conta disso, a preocupação ética com a linguagem seja tão importante. Se palavras *fazem coisas, o que fazemos com elas* não pode ser desligado de nosso caráter, de nosso *ethos*, de nossa ética.

PARA CONVERSAR A RESPEITO

NIQUET, V.; HERRERO, F. (orgs.). *Ética do discurso*. São Paulo: Loyola, 2002.

HABERMAS, J. *A ética da discussão e a questão da verdade*. São Paulo: Martins Fontes, 2009.

6. Reconhecimento, autonomia e ética: a comunicação e o direito à cidadania

EM UMA SALA QUENTE, no tribunal do júri de Nova York, 12 jurados estão reunidos para deliberar sobre a sentença. Um jovem porto-riquenho foi acusado de matar o próprio pai. Se for julgado culpado, será condenado à morte. A discussão não deve demorar muito: as evidências do crime são muito convincentes, há testemunhas, o caso é relativamente simples.

Tudo que os jurados precisam fazer é indicar, em uma votação secreta, se o acusado é culpado ou não. Única regra: a decisão deve ser unânime. Feita a primeira votação, 11 votos "culpado" e um "inocente". E, pela próxima hora e meia de *12 homens e uma sentença*, filme norte-americano de 1957, o jurado que votou pela inocência terá de convencer todos os outros, um por um, de que sua visão é correta.

Para isso, conta apenas com seus argumentos: na sala do júri, todos são iguais. Eles não se conhecem, nada sabem sobre a posição social de cada um, do que vivem ou como pensam. Em plenas condições de igualdade, estão em condições de deliberar – isto é, discutir para, depois de conhecer os fatos e observar melhor as múltiplas dimensões do problema em tela, tomar uma decisão.

Igualdade de condições, liberdade para falar, respeito pela opinião do outro, disposição de mudar seu ponto de vista: em *12 homens e uma sentença*, vemos uma rara situação ideal de deliberação. O coração da teoria da ação comunicativa de Jürgen Habermas e, de modo mais amplo, da chamada *ética do discurso*.

O objetivo da ética do discurso é, como vimos, permitir a inclusão, no debate, das perspectivas de todos os atingidos por um problema, de modo que se sintam à vontade para se expressar e, partindo da conversa, alcançar um ponto de vista comum. Isso asseguraria *redes de reconhecimento recíproco* derivadas do esforço de perceber os problemas pelo olhar dos outros. O tratamento igual exigido nessa relação tende a procurar formas de inclusão no debate que não apaguem diferenças, permitindo que o "outro" seja respeitado. Isso assegura o reconhecimento de que todas as pessoas têm os mesmos direitos e responsabilidades diante das outras.

O objetivo de Habermas, vale lembrar, é complicado: encontrar, na argumentação livre da influência do poder, uma forma de comunicação que preserve as diferenças e, ao mesmo tempo, permita a resolução de conflitos.

A realização pessoal de cada um, nesse aspecto, passa por suas atitudes como cidadão: na visão de Habermas, o bem-estar pessoal não pode ser separado da conquista e da manutenção dos direitos individuais. Como, na prática, todos queremos exatamente "conquistar e manter" nossos direitos, é necessário uma constante luta pelo reconhecimento de nossas demandas e reivindicações. Nesse ponto, a sociedade deve apontar caminhos para a construção positiva de identidades individuais e coletivas em vez de depreciar e estigmatizar.

O papel da comunicação nesse processo é transformar um argumento subjetivo, que diz respeito apenas à própria pessoa, em algo que possa ser compreendido por todos os outros. Minha experiência de vida é só minha, claro. Ao mesmo tempo, vivi situações pelas quais outras pessoas também passaram. E, quando compartilhamos nossas experiências, mostramos uns aos outros que *não estamos sozinhos*, algo fundamental para a construção de relações de empatia e solidariedade.

Mas como, nesse sentido, histórias de vida diferentes podem ser ligadas a um ponto de vista que pense no que é "bom para todos" se cada vida é fundamentalmente diferente de todas as outras? Em outros termos, como as histórias pessoais de vida podem ser usadas como mote para um debate que interesse à coletividade?

Um dos fundamentos da ética do discurso, como mencionamos, é a capacidade do indivíduo de se distanciar de si mesmo e de sua história para pensar como ela está entrelaçada a formas de vida coletivas. Habermas não queria, com isso, dizer que a experiência privada não importa. O que ele desejava era que as pessoas produzissem passagens entre as vivências subjetivas e coletivas por meio do discurso e da troca discursiva (embora as pessoas e suas experiências não se reduzam a eles).

Por isso, Habermas destaca, em *Direito e democracia*, que o bem de uma coletividade depende de que um indivíduo mantenha sua biografia como fonte de seus pontos de vista, mas não a utilize como parâmetro para avaliar conflitos de âmbito coletivo. O que eu vivi pode ser um *exemplo* para pensarmos outras vidas semelhantes à minha, mas não uma *norma* para pautar e julgar a vida dos outros: afinal, mesmo em situações parecidas, cada pessoa pode reagir de maneiras muito diferentes.

Posso compartilhar, por exemplo, em uma discussão pública sobre filhos e crianças, o modo como resolvi algumas situações, como isso me afetou, como lidei com os fatos. Isso faz parte de minha biografia, e deixar tudo isso de lado seria, no mínimo, falso. Ao mesmo tempo, não posso querer ou imaginar que todo mundo que tem filhos passe pelas mesmas situações e, menos ainda, devam agir como agi. Minha história de vida certamente conta para o debate, mas não deve excluir a possibilidade de outras vivências.

A empatia, os sentimentos e a solidariedade são centrais para mostrar como indivíduos e grupos, partindo dos princípios éticos ligados a seu autoentendimento e a suas concepções de bem-viver, podem se engajar em debates para entender e solucionar questões e problemas.

Nossa habilidade de criar empatia com os problemas dos outros também depende de como compartilhamos as questões afetivas e emocionais que vão além do discurso racional. Certamente não alcançamos a felicidade usando apenas a razão. A realização ético-moral dos indivíduos e das sociedades nas quais se inserem também dependem "de nossa habilidade de experimentar a dor dos outros", recorda N. Stevenson em artigo de 1997.

Segundo Habermas, ao buscarmos o entendimento com base tanto em conflitos quanto em cooperações, entramos em contato com as histórias de vida e com o mundo dos "outros", nossos parceiros de interação. Esse contato permite que desenvolvamos e afirmemos nossas identidades pessoais e coletivas. Portanto, quando conversamos, as identidades podem se transformar pela troca de experiências que realizamos uns com os outros.

Mas, em uma conversa ou um debate, nem só argumentos racionais são trocados na busca de entendimento. Constantemente, as pessoas trazem testemunhos e narrativas relacionados aos fatos marcantes de sua vida. Assim, a narrativa não só auxilia no entendimento mútuo como desempenha também um importante papel no processo de construção das identidades.

Mas como fazer que diferentes grupos e indivíduos, com visões diferentes sobre ética e bem-viver, coloquem-se de acordo a respeito do que é considerado justo para todos? A resposta de Habermas é propor a ideia de um respeito constante por toda e qualquer pessoa, que, por sua vez, compartilha também a responsabilidade pelas consequências de seus julgamentos e ações.

Isso significa, na prática, estar sempre aberto até mesmo aos questionamentos relativos à situação de debate quando, por exemplo, um dos interlocutores se sentir particularmente inferiorizado ou injustiçado diante dos outros antes de qualquer conversa – por exemplo, se um dos lados em debate for composto por especialistas e o outro, por leigos.

Em um debate no qual as pessoas estão interessadas de verdade na solução de um conflito, os argumentos, em geral, compartilham das mesmas *demandas de validade*, isto é, são válidos para aquele tema.

Quando algum debatedor, por exemplo, tenta desviar maldosamente o foco do assunto apenas para confundir os outros e vencer a discussão, a demanda de validade de seu discurso cai por terra; se confrontado, será impossível justificar o que está dizendo, exceto se reconhecer que está tentando *vencer os outros*, e não *solucionar um problema*. Algo similar acontece, durante uma discussão, quando um dos participantes começa a usar estratégias retóricas de convencimento – por exemplo, omitir elementos, inventar dados, não fornecer a fonte de suas informações – a fim de ganhar.

Desse viés, os discursos não devem ser entendidos como atividades destinadas a encontrar regras que conectem diferenças isoladas, mas como práticas necessárias à compreensão de como as diferenças se sobrepõem e se interpenetram.

É importante salientar que os procedimentos de *generalização de perspectivas* e necessidades deixam de privilegiar (sem nunca desconsiderar) as questões individuais e particulares, mas permitem uma aproximação do universo do outro, possibilitando a emergência de novos vínculos e de novos interesses.

Para isso, a autonomia de todos os participantes das interlocuções e debates que configuram esferas públicas é fundamental.

COMUNICAÇÃO E AUTONOMIA

A conquista da autonomia geralmente é vista, em um sentido restrito, como fruto das ações de um indivíduo no sentido de tomar decisões sem ser influenciado pelos outros. Essa concepção, no entanto, pode facilmente fazer da autonomia sinônimo de individualismo ou autossuficiência. Nesse sentido a autonomia não pode ser entendida como autogoverno ou como a capacidade de agir sem constrangimentos externos a seus desejos, valores e condições. A autonomia é, acima de tudo, um processo intersubjetivo de construção das condições ideais de soberania e defesa contra formas de dominação e exploração. Ela afirma a necessidade de proteção das liberdades individuais e coletivas. Como princípio substantivo de processos democráticos de organização coletiva, a autonomia é relacional e, ao atuar contra abusos de autoridade e violação da integridade dos sujeitos, permite a conjugação de práticas associativas e individuais voltadas para a autorrealização. A construção da autonomia não requer a eliminação de vulnerabilidades, desigualdades ou constrangimentos de poder. Pelo contrário: o exercício da autonomia pode produzir-se a partir das resistências forjadas em condições de precariedade.

Nesse conceito mais restrito de autonomia (ao qual nos opomos), algumas questões precisariam ser resolvidas antes – em primeiro lugar, que as desigualdades de riqueza fossem remediadas e que o indivíduo tivesse à sua disposição bens materiais básicos. Acreditamos que, mesmo diante de múltiplos fatores de desigualdade que incidem sobre a construção de assimetrias e constrangimentos para o exercício das liberdades de escolha e elaboração de projetos de vida, não podemos pressupor que sujeitos e grupos mais vulneráveis social e economicamente sejam destituídos da autonomia necessária à invenção de possibilidades de resistência e oportunidades de transformação e reflexividade política.

Assim, a capacidade de construir e conduzir a própria história não é algo que se conquista isoladamente, mas no contato com os outros.

A *autonomia política* envolve a proteção e a manutenção do *status* de participante que cada um tem na atividade coletiva de *justificação pública*, ou seja, na possibilidade de expor e explicar seus pontos de vista, como participante de um grupo, aos outros participantes de um espaço público ou a redes de espaços públicos específicas.

No livro *A inclusão do outro*, Habermas afirma que cidadãos autônomos precisam determinar que políticas sociais são mais consistentes e respondem mais adequadamente às suas demandas, levando-se em conta o contexto cultural, econômico e social em que produzem suas relações e seu autoentendimento. Os direitos, nessa concepção, são o resultado das tensões entre diferentes indivíduos e grupos que buscam o reconhecimento da validade de suas reivindicações.

Nesse sentido, a autonomia política precisa da autonomia individual, pois requer uma ordem legal que é legitimada somente se asseguradas *liberdades iguais*.

AUTONOMIA E CONSTITUIÇÃO DO SUJEITO

Em linhas gerais, podemos definir autonomia como um processo que inclui a capacidade de avaliação crítica individual de uma situação e, mais ainda, a possibilidade de falar livremente a respeito disso em público. A conquista da autonomia, tanto individual quanto pública, está ligada a inúmeros fatores que, em muitos casos, não dependem da pessoa – entre eles, problemas comunicacionais, sociais e institucionais que permitem participar da vida pública sendo respeitados, ouvidos e tratados como dignos de atenção.

Para Habermas, a autonomia necessária à participação em discussões no espaço público está vinculada ao caráter intersubjetivo da construção de direitos: ninguém define, sozinho, quais são seus direitos. Até porque, em geral, o direito de um indivíduo só pode ser justo se pensado em relação ao dos outros.

Pensemos, por exemplo, nas relações entre fumantes e não fumantes: as restrições ao cigarro não podem ser pensadas sem levar em conta tanto a opinião de quem fuma quanto de quem não fuma. Para que uma opinião não seja simplesmente imposta, a discussão entre cidadãos, com autonomia para argumentar e opinar, é fundamental.

Os direitos estão baseados no reconhecimento recíproco de indivíduos que cooperam entre si para a elaboração das normas que os vinculam. A autonomia, nesse sentido, pode ser pensada como a possibilidade de criar, junto com os outros, as regras e normas que vão regular a vida de todos. Daí a ideia de que "autonomia" não é apenas a possibilidade de tomar decisões individuais, embora isso seja importante, mas a possibilidade de, com outras pessoas, criar as condições de vida em conjunto. A construção da autonomia exige, portanto, o respeito mútuo e igual consideração pelos interesses de todos.

Em termos políticos, a construção da autonomia demanda o envolvimento e a participação dos cidadãos em relações comunicativas com os outros, quando se trata, por exemplo, de compreender problemas de ordem moral em conjunto.

Isso não significa que a conquista da autonomia esteja isenta de tensões. Muitos fatores, de alguma maneira, podem impedir o desenvolvimento da autonomia política. Problemas de ordem pessoal, institucional ou econômica simplesmente impedem, ou dificultam seriamente, a autonomia individual – por exemplo, situações de dependência econômica na qual uma pessoa está atrelada financeiramente a outra e, portanto, incapaz de tomar decisões a respeito de algo.

Uma última observação diz respeito ao fato de que a construção da autonomia depende tanto da participação na interação comunicacional quanto do reconhecimento recíproco entre as pessoas. Assim, para ser autônomo, é preciso ser visto como parceiro de debate. Quando isso não acontece, o primeiro passo para a conquista da autonomia é justamente a reivindicação desses direitos – e, para tanto, é necessário se fazer ouvir, mesmo que para isso seja preciso construir espaços específicos.

RECONHECIMENTO: RELAÇÕES SOCIAIS E EXPERIÊNCIA MORAL

A noção de "reconhecimento", no sentido contemporâneo, foi proposta pelo filósofo alemão Axel Honneth no livro *Luta por reconhecimento*. Trabalhando em uma perspectiva crítica, Honneth faz uma proposta ousada: a base de uma democracia verdadeira, mais do que a liberdade de eleger políticos ou de falar o que se pretende, é a *liberdade de autorrealização* como caminho para a realização coletiva, por meio de relações afetivas, da conquista de direitos e da estima social. Isto significa a obtenção do *reconhecimento* de demandas básicas, como direitos e a possibilidade de contribuir com o todo da sociedade.

Na vida cotidiana, percebemos a força das interações comunicativas como produtoras de vínculo entre pessoas que agem reciprocamente e estão dispostas a aceitar os outros como parceiros dignos de respeito, estima e valor. Nem sempre essa disposição à tolerância e à empatia rege nossos contatos, mas a vida em sociedade só é possível porque existe um fluxo de crenças e ideias compartilhadas que se renova constantemente nas relações entre os indivíduos.

É no cotidiano que a comunicação com o outro se fortalece, se redefine e redimensiona os sujeitos e o meio no qual se inserem. Mas isso não é simples.

Nas práticas comunicativas do dia a dia, todos desejam ter sua dignidade e singularidade reconhecidas, suas habilidades devidamente respeitadas e seu modo de viver incluído entre os estilos de vida aprovados pela sociedade. Em termos simples, todos buscamos o direito de ser reconhecidos por quem somos.

Entretanto, a luta por reconhecimento da qual fala Honneth não é somente a busca da valorização da diferença (o que pode acabar isolando os atores em suas demandas e sofrimentos específicos). É, mais do que isso, um processo coletivo de recriação dos códigos, normas e regras, nem sempre explícitos, que regem o modo como apreendemos, definimos e julgamos os outros.

Nesse sentido, os sujeitos elaboram demandas e reivindicações de reconhecimento social que são compartilhadas em suas conversas, textos, postagens em redes sociais – em resumo, em todas as trocas discursivas e da linguagem. O desrespeito e a injúria ocorrem, na visão de Honneth, quando as demandas produzidas por sujeitos e grupos não recebem a resposta desejada dos interlocutores aos quais foram endereçadas. Por isso, realizamo-nos por meio da linguagem e do uso que dela fazemos para nos ver inseridos em uma comunidade, na qual negociamos pontos de vista para além de nossas diferenças.

A individualidade, suas experiências próprias, crenças e ações só fazem sentido quando expostas ao outro, quando reforçadas pelo apoio solidário vindo da alteridade. O reconhecimento do mundo do outro envolve, além de laços afetivos, éticos e políticos, uma comunicação que nos permita compartilhar a produção de um mundo comum. Nesse mundo partilhado, eu me apresento diante do outro e espero dele compreensão e certa abertura para o diálogo, pois é por meio dessa relação que as identidades se moldam e se expressam, que relações se estreitam ou são cortadas.

Para Honneth, a tomada de consciência dos sujeitos em relação às suas condições de vida os torna mais atentos à experiência do desrespeito, a qual pode causar sérios danos ao relacionamento das pessoas consigo mesmas e com a coletividade.

Todo indivíduo depende do reconhecimento e da influência constantes vindos do outro. A relação de reconhecimento recíproco mostra como cada um aprende a se ver da perspectiva dos outros parceiros da interação, ainda que parcialmente.

A desvalorização e a categorização inferiorizada do "outro" muitas vezes são reafirmadas por essas regras raramente questionadas em espaços públicos de discussão. Quem insiste em manter sua identidade pautada em códigos tidos como inconvenientes ou impróprios tende a ser excluído de todos os âmbitos legais, estéticos, políticos e afetivos da comunidade. São os "estranhos", ou seja, aqueles que, de acordo com Zygmund Bauman em *Identidade*, lançam dúvida sobre as certezas e abalam os códigos cristalizados na comunidade.

O encontro entre identidades, mediado ou face a face, marca a importância do reconhecimento social. Quem sofre injustiças busca não só o reconhecimento de suas diferenças, mas sobretudo novas formas de representação e novos critérios de julgamento moral acerca do valor de determinados modos de vida – e perceber as injustiças recebidas é um dos pontos iniciais do reconhecimento.

No entanto, em geral, as comunidades resistem em admitir e (re)conhecer quem não se adapta às regras explícitas e implícitas de conveniência que regem os estilos da vida social tida como "adequada". Esse desafio requer uma percepção sensível das diferenças de opinião e de gostos, pois a ética, como reflexão crítica sobre a moral, implica justamente o questionamento, a reformulação e a justificação das condutas adotadas em busca do bem-viver.

A obrigação social de apresentar e representar o "eu" para o "outro" na vida cotidiana, de rastrear todas as ofensas que lhe são feitas e zelar pela reparação das ofensas infligidas ao "eu" e ao "outro" requer uma forma de comunicação na qual os participantes se posicionem baseados em esquemas cognitivos e sociais para atribuir ou negar valor aos outros.

Na relação comunicativa de reconhecimento mútuo há sempre uma tensão a respeito dos parâmetros utilizados para atribuir um valor aos sujeitos, seja no plano das relações privadas, jurídicas ou sociais. O reconhecimento social recíproco reflete, de alguma maneira, a experiência moral na qual os indivíduos se colocam como portadores de necessidades e buscam receber dos outros compreensão e aprovação/valorização.

No livro *Redistribution or recognition?*, Nancy Fraser e Axel Honneth destacam que a busca de reconhecimento envolve o questionamento e o exame dos padrões e códigos nos quais nos baseamos para atribuir valor aos outros. Nesse sentido, o reconhecimento está diretamente relacionado ao *status* social atribuído aos indivíduos. Assim, eles são reconhecidos como parceiros de debate moralmente capazes de formular e sustentar pontos de vista e posições na esfera pública, ou vistos como incapazes de contribuir para o progresso coletivo, sendo tratados como inferiores e dignos de desprezo. A busca por reconhecimento envolve, para Honneth, a combinação de dimensões argumentativas e simbólicas, entrelaçando a tomada de palavra com o questionamento de códigos e linguagens que naturalizam preconceitos e opressões.

Quando formas de desrespeito causam danos morais aos sujeitos, não só o seu autoentendimento fica comprometido, mas sua possibilidade de inserção social fica marcada pela confiança recíproca, pelo respeito moral e pela estima social. Honneth ressalta que a vulnerabilidade das pessoas, ligada ao reconhecimento mútuo, torna-se especialmente clara quando ganhamos clareza acerca dos danos morais que sofremos. Assim, como também argumenta Judith Butler no livro *Precarious life*, a integridade e a identidade dos indivíduos dependem do estabelecimento de padrões de relacionamento intersubjetivo capazes de assegurar assentimento, aprovação e valorização do outro.

Mas tanto para Habermas quanto para Honneth, é sobretudo nos momentos de violação do reconhecimento que vemos a real dimensão de uma situação de injúria que nos atinge. Quando a integridade física e moral de nosso próximo está em risco, sentimentos morais de solidariedade e responsabilidade podem dar origem a questionamentos e lutas por respeito e estima social.

O reconhecimento é um processo pertencente tanto ao campo da ética quanto da moral. De um lado, está ligado ao florescimento do indivíduo em condições que assegurem autoconfiança, autorrespeito e autoestima. De outro, se pensarmos que a busca de reconhecimento envolve, sobretudo, questões de desrespeito, dominação cultural, violência e marginalização, é importante notarmos que se trata também de uma questão de justiça.

E, sobretudo, mediada pela comunicação.

PARA SABER MAIS

FRASER, N. "Social justice in the age of identity politics: redistribution, recognition, and participation". In: FRASER, N.; HONNETH, A. *Redistribution or recognition? A political-philosophical exchange.* Londres: Verso, 2003, p. 7-109.

HONNETH, A. *Luta por reconhecimento.* São Paulo: 34, 2003.

_____. *O direito da liberdade.* São Paulo: Martins Fontes, 2015.

MARQUES, A.; MATOS, H. *Comunicação e política: capital social, reconhecimento e deliberação pública.* São Paulo: Summus, 2011.

7. "Não fale com estranhos": comunicação, alteridade, amizade

O PARENTESCO ENTRE AS palavras "comunicação" e "comunidade" permite entender o ato de "comunicar" em dois sentidos. De um lado, talvez o mais comum, a ideia de que estamos nos relacionando com outras pessoas. De outro, o conceito de "comum" implica colocar esse relacionamento dentro de um tipo específico de vínculo – o caráter "comunitário".

Entender a noção de "comunidade" em sua perspectiva de "tornar comum" pode auxiliar a compreender a ética da comunicação como um tipo de relação social marcada por essa dimensão de aproximação estética – porque lida com a sensibilidade – e política com a alteridade. Diversos autores – como Raquel Paiva, Eula Bliss, Giorgio Agamben, Martin Buber e Eduardo Yamamoto – vêm trabalhando esse tema na interface com a política e a filosofia.

Em certos momentos, os estudos sobre o assunto destacam a importância da conversa – em seu sentido mais cotidiano – para promover debates e decisões comunitárias sobre política.

A proposta aqui, dialogando com esses estudos, é trabalhar alguns aspectos da noção de "comunidade" capazes de iluminar determinados elementos do conceito de "comunicação", entendido numa perspectiva relacional que pode envolver a mídia – entendida como "meio de comunicação" impresso ou eletrônico – de diferentes maneiras, até mesmo deixando-a de lado no estabelecimento de contato com outras pessoas.

OS VÍNCULOS COMUNICACIONAIS DA COMUNIDADE

A raiz comum dos conceitos de "comunidade" e "comunicação", bem como de outros termos relacionados, já foi objeto de análise de vários autores – Raymond Williams, no livro *Palavras-chave*, aponta isso. Seguindo essa trilha, é possível retomar a perspectiva da palavra latina *communicare*, entendida como "tornar comum". *Communis* é uma tradução do conceito grego de *koinos*, "aquilo que não é particular", em oposição a *oikos*, o "particular" – que o latim traduzirá como o *domus*, "casa" (de onde "doméstico"), o espaço "particular" que se opõe ao *publicus*.

Note-se a variação: o *oikos*, que no grego se opunha ao *koinos*, parece ganhar uma ambiguidade no latim, na medida em que o *domus* se opõe ao mesmo tempo ao *publicus* e também ao *communis*. No primeiro sentido, a derivação está na orientação do *politikós*, aquilo que é referente à *pólis*, enquanto no segundo o termo se relaciona fundamentalmente ao *koinos*.

Se essa ideia está correta, o conceito de "comum" (*koinos*, *communis*) pode ser articulado com o "público" (*publicus*; *politikós*) e o "privado" (*oikos*; *domus*). Optamos aqui por entender o "comum" como algo "articulado com" o público e o privado, e não "situado entre": o "comum" é o fundamento de um tipo de relação social, a *comunidade*.

No livro *Communitas*, o filósofo italiano Roberto Esposito pinça, da noção de "comunicação", um elemento anterior ao "tornar comum" como ato de "compartilhar". Ele pergunta o que, de fato, é compartilhado para o estabelecimento de um elemento "comum". Sua resposta aponta para a constituição de um vínculo baseado na perspectiva do *múnus*, palavra que ele empresta da antropologia para designar o elemento que agrega pessoas em torno das obrigações de cada membro para com todos os outros.

A noção de *múnus* refere-se ao coração do vínculo comunitário: é a reciprocidade que forma o vínculo entre pessoas, tornando-as parte de uma comunidade. Ampliando essa definição, a comunida-

ÉTICA, MÍDIA E COMUNICAÇÃO

de é o vínculo daqueles que têm determinado *múnus* e, por conta disso, estão ligados numa teia de obrigações mútuas das quais não se pode fugir sem deixar de lado o próprio sentido de "comunidade". Nesse sentido, o "estranho" não é apenas o "de fora", o *outsider*, mas também aquele que, na comunidade, mostra-se desprovido ou destituído desse *múnus* – o "imune". Esposito descreve a *immunitas* como característica da modernidade na qual os vínculos comunitários são desafiados pelo individualismo "imunizado" contra o outro – a segregação física nas grandes cidades, a começar por muros e grades, pode ser entendida como essa tentativa de "imunizar-se".

Assim, a comunicação está relacionada à possibilidade de compartilhar o *múnus* com outras pessoas. É com base nele que se instauram as relações sociais em sua face mais visível. A possibilidade de falar – "não fale com estranhos" – se relaciona diretamente com a chance de compartilhar um *múnus*.

Ao mesmo tempo, a comunicação dentro de uma comunidade, nesse compartilhamento, reveste-se imediatamente de uma qualidade "ritual": os vínculos só podem ser entendidos ou desfrutados por aqueles que também compartilham disso – em outras palavras, quem pertence à extensão potencial do *múnus*. Os outros, a alteridade, tornam-se "imunes", o que em muitos casos parece implicar a exclusão imediata de qualquer vínculo em sua caracterização como o "outro".

Os sujeitos manejam as regras de interpretação – fundadas nos significados compartilhados do senso comum – e se servem delas para instaurar um contexto de reconhecimento mútuo que visa ao entendimento recíproco. Contudo, o *sensus communis* está sujeito a reavaliações a mudanças que se processam ao mesmo tempo que as práticas sociais se transformam mediante a ação criativa dos sujeitos sociais empenhados em suas relações com os outros, seus parceiros.

É por intermédio da dinâmica comunicativa que as sociedades se reinventam e garantem sua permanência. A comunicação traz sempre à tona o senso comum criado pela coletividade, possibilitando que os sentidos sejam reapropriados pela experiência de modo que ao mundo não seja devolvida a forma comum que instaura a relação, mas uma forma estranha, nova (em sua forma de aparecer) e legítima, pronta para encorpar o conjunto do conhecimento partilhado.

O SILÊNCIO DOS ESTRANHOS NA COMUNIDADE

A comunicação reflete o desejo de estar com o outro, de aceitar o desafio que este nos lança por meio de sua singularidade, de sua diferença. O encontro com o outro na comunidade se expressa pela diferença e pela aproximação; nesse jogo, um indivíduo incita e interpela o outro por meio da dúvida, do estranhamento, em uma relação de reciprocidade e interdependência, lembra Martin Buber no livro *Sobre comunidade*.

Desse modo, é preciso observar que a maneira como nos posicionamos diante do outro, como oferecemos nossa individualidade ao perscrutamento alheio obedece menos a regras explícitas, institucionalizadas do que a conveniências implícitas, acordos tácitos de comportamento subentendidos e tidos como certos e "bons". Tais acordos de conveniência não se separam do que é mundano, do rotineiro, dos significados compartilhados cotidianamente no mundo da vida. Eles fazem parte do processo de socialização humana. E, se num primeiro momento as regras de conveniência são aprendidas, mais tarde elas se tornam inconscientes, aflorando em nossas inter-relações despercebidamente. O que é "bom" para uma comunidade está presente nesse código de conveniências e valores configurados por um "nós" na prática cotidiana.

Uma vez que a comunidade é constituída por uma pluralidade de indivíduos, que se mantêm conectados a relações e grupos ainda mais plurais, podemos perceber a importância adquirida pela dimensão do reconhecimento social. Ao mesmo tempo, e paradoxalmente, esta pode isolar os sujeitos e aprofundar distâncias, além de criar núcleos de violência e agressividade aos "estranhos".

Como vimos, a comunidade, em algumas circunstâncias, resiste a incorporar ou incluir aqueles que não se adaptam às regras sociais amplamente aceitas como válidas. Aqueles que insistem em manter um estilo de vida tido como "inconveniente" ou "impróprio" são excluídos de âmbitos legais, estéticos, políticos e afetivos. Assim, os "estranhos" expõem as fissuras e falhas do comum, mostrando os danos promovidos por uma lógica consensual segundo a qual todos estariam incluídos e seriam iguais.

O que é, neste aspecto, o estranho?

Seria possível caracterizar o "estranho" como o "outro". Certamente o "estranho" está nas proximidades do "outro": no entanto, é necessário diferenciá-los. O "outro", o *alter*, constitui uma alteridade que, se não é alcançável em sua totalidade, também não é inatingível. Há uma proximidade paradoxal com o outro que não se reduz ao estabelecimento de uma fronteira: ele pode ser atingido, pode me atingir, pode constituir um "nós".

O "estranho", porém, parece pertencer a uma categoria que implica um deslocamento mais profundo em relação à alteridade. Mais do que o *alter*, o estranho é o *alien*, o "estrangeiro". Aliás, o "estranho", no sentido do "estrangeiro", é o *xenos* – de onde origina a palavra moderna "xenofobia", o "ódio ao estrangeiro" – da Grécia antiga: aquele que estava fora de seu lugar e, por conseguinte, em um lugar que não lhe pertence.

O *alien* se refere a uma exterioridade: está situado "fora" de um lugar específico. A ideia de "lugar", nesse caso, é usada para situar esse *alien* em relação a fronteiras – físicas ou simbólicas – previamente definidas. Em geral, vale acrescentar, definidas por quem está "dentro".

A condição de ser colocado "fora" torna o sujeito "alienado", aquele que, em termos bastante pejorativos – citado aqui, portanto, como exemplo negativo –, está "fora de si" em termos da própria consciência.

O estranho surge, assim, como o que está para além dos limites da comunidade e não pode ser tomado de modo nenhum como pertencente a ela.

Quando a interação no espaço físico é inevitável, surge a figura do *alien* como elemento constituinte de uma ordem instaurada que se regula – e é regulada – pela possibilidade de comunicação. No sentido mais comum, a ideia do "não fale com estranhos" sugere, na recomendação familiar, tomar distância daqueles que não são vistos por nós como dignos de estabelecer algum tipo de comunicação. Assim, a alteridade se converte em silêncio. Silêncio simbólico, mais do que propriamente acústico: o outro fala, mas sua fala não reverbera no espaço social porque não tem legitimidade para ser ouvida e, se ouvida, considerada digna de ser escutada, como lembram Koskinen e Lindström. A fala do estranho não é entendida como comunicação, mas como ruído. Ele não alcança, assim, o *status* de interlocutor.

Nesse aspecto, estar "fora" caracteriza o "estranho": sua qualidade de *alien* independe da questão territorial. O estranho está fora onde quer que esteja. O sentido de deslocamento se transfere, na acepção moderna, para o espaço social no qual reside o estranho – seu lugar é "longe"; sua presença se aprofunda na diferença que não é, nem será, tornada familiar.

O ESTRANHAMENTE FAMILIAR

Foi provavelmente Freud, no ensaio intitulado "O inquietante", quem apontou pela primeira vez a relação entre o familiar e o estranho e a maneira como ambos estão diretamente ligados. O estranho não é, necessariamente, aquilo que está distante. A proximidade, ao mesmo tempo, não é sinônimo de familiaridade senão em nível superficial: as atividades cotidianas, olhadas em sua complexidade microscópica, não deixam de se revestir, quando analisadas, de um estranhamento derivado de sua própria recorrência.

Incluído no que se poderia entender como os estudos "sociais" do criador da psicanálise, o ensaio é uma das incursões de Freud no terreno da estética – indicação constante, aliás, do primeiro parágrafo do texto. Mas o que significa essa perspectiva? Para Freud o "inquietante", o "estranho" pode ser abordado em termos comparativos com outras línguas. O *Unheimlich* alemão, termo de tradução bastante complexa e ambivalente, indica, entre seus vários sentidos, não apenas a noção de "familiar", mas também a possibilidade de se pensar em algo "oculto", "escondido": no coração do familiar, diz Freud, está o inquietante.

Não se trata de uma diferença proveniente de uma distância relacionada ao espaço de um "fora" geográfico: o "fora" está na perspectiva daquilo que constitui o próprio elemento familiar. Mais do que "estranho", a noção de *Unheimlich* informa a respeito do "não familiar".

O "estranho", no caso, poderia ser pensado sobretudo como o "desfamiliar", o "despróximo" – uso lexicalmente incorreto, mas menos problemático que "distante". O familiar torna-se estranho por conta de uma paradoxal proximidade, e nesse sentido Freud parece indicar que, quanto mais próximo se está de algo, mais isso tende a se mostrar diferente e estranho.

Sua busca, além da questão propriamente linguística, dirige-se para um conjunto de situações nas quais emerge o sentido do inquietante. Porém, Freud logo observa que não existe nada de particularmente especial nas situações que despertam essa sensação, exceto uma proximidade considerável entre o aspecto do sensível – daí, talvez, a escolha da experiência estética – e o inquietante: o elo entre ambos não reside senão na ausência de um elemento especial sobre o qual poderia recair a análise, mas justamente em sua "normalidade", em sua ausência de destaque. O familiar e o ordinário se tornam inquietantes.

A sutileza do inquietante decorre igualmente de um deslocamento quase imperceptível da realidade que, ao mesmo tempo, a transforma em algo inesperado mas, de alguma maneira, irreconhecível em sua familiaridade: essa diferença mínima, muitas vezes mais sentida do que propriamente analisável do ponto de vista da razão, tende a provocar o efeito de inquietação e estranhamento: é por estar muito próxima, é por ser muito conhecida, quase igual ao que se espera, que a realidade se torna inquietante. O "despróximo" se afigura como o elemento de inquietação.

Esses efeitos de deslocamento ocorrem igualmente no sentido oposto, quando o cotidiano é desnaturalizado de suas práticas e apartado de si mesmo, "despróximo" do que poderia ser visto. O cotidiano, em sua duração como elemento de proximidade no qual as ações se desenrolam em um único sentido e um único tom – a monotonia –, pode claramente se distanciar de seus praticantes. O estranhamento em relação ao cotidiano só é possível quando de sua metaobservação como fenômeno a ser notado.

Mas como notar aquilo que está próximo, o conhecido, o trivial? Não se estaria buscando uma redundância proposital quando se fala de conhecer o que já é conhecido e, portanto, não encerra em si nenhum tipo de informação nova que possa ser somada ao que previamente se sabe?

É nesse momento que a inquietação com o cotidiano pode acontecer. Quando se transforma essa monótona familiaridade em algo novo, o sentido de estranhamento escondido no familiar tende a vir à tona. Nesse aspecto, a perspectiva de Freud se apresenta para compreender esse fenômeno: tornados distantes pela proximidade que o esconde, os elementos do cotidiano se revelam tanto mais fortes quanto menos visíveis na trama de relações constituída entre eles.

Daí a pergunta sobre o inquietante nas atividades do cotidiano: na monotonia da repetição, não haveria em si a possibilidade de um estranhamento justamente decorrente desse movimento? Ou, colocando na forma de um paradoxo, não seria o inquietante exatamente uma decorrência dessa repetição baseada em um sentido que está além dela, mas o qual não se pode depreender com precisão – exatamente por se situar em uma esfera diferente da vida, o inconsciente?

No caso das redes sociais digitais, por exemplo, as interações são marcadas muitas vezes por uma espécie de anulamento do outro por meio de seu silenciamento, em uma apreensão metonímica da alteridade. As agressões, a violência e os xingamentos recíprocos tendem a reduzir conversações, debates e diálogos a expressões unilaterais de desrespeito e intolerância. Como vimos, o estranho se converte em silêncio.

SOLIDARIEDADE, AMIZADE E COMUNICAÇÃO

Não podemos desconsiderar os apontamentos de Zygmund Bauman no livro *Modernidade e ambivalência* sobre como nossa sociedade, de alguma maneira, "inventa" estranhos numa ordem que se quer impor, muitas vezes, baseada em métodos científicos e técnicos – e também políticos. Os estranhos, assim definidos por uma comunidade que os exclui, têm uma relação específica com a visibilidade contemporânea – sobretudo a midiática. Estão nas ruas, querem ser vistos e anseiam ser reconhecidos como sujeitos capazes de decidir por si mesmos como querem viver a própria vida.

Mas reconhecer tais sujeitos não depende só de práticas compartilhadas ditadas pela tradição ou mesmo por instituições. Requer também laços de empatia, solidariedade e amizade formados entre os indivíduos que compõem dada comunidade.

A força que mantém a comunidade não vem, portanto, da imposição, mas da solidariedade que se instaura entre seus membros. Solidariedade esta mantida, por exemplo, pela "ética da amizade", como lembra Francisco Ortega em seu livro *Políticas da amizade*. Sua ética consiste na busca de lugares e modos de produção de subjetividades a partir de vínculos que não se esgotam na família e no casamento, por exemplo. Ela considera a pluralidade dos indivíduos e não tenta homogeneizá-los por meio de normas de vida ou imagens dominantes, unificadoras, que dificultam a criação e a experimentação de vínculos de sociabilidade e afeto.

Segundo Ortega, não se pode confundir amizade com fraternidade universal, uma vez que esta se encontra associada historicamente a práticas de exclusão, desumanização e perseguição: em nome da igualdade e da fraternidade cristãs, por exemplo, surgiram formas violentas de intolerância e de aniquilamento das diferenças.

Para o autor, a amizade vincula-se permanentemente ao novo, ao contingente, uma vez que os encontros que temos com os outros mostram-nos algo de inusitado, instigando alternativas às formas tradicionais de relacionamento dentro da comunidade. Isso só pode ser alcançado por indivíduos que compartilham um mundo comum – o *koinos*, dividindo o *munus* – e nele se comunicam, desde que esses indivíduos busquem criar e recriar formas de interação social como a amizade, a cortesia, a solidariedade, a hospitalidade, o respeito mútuo. Essas formas de conviver apontam para a preservação da pluralidade de relações, significados, práticas e indivíduos dispostos na rede multiforme tecida pela e na comunidade.

A amizade, ao marcar a diferença e a distância entre os seres, sua assimetria e divisão, seria uma alternativa possível para a abertura e o acolhimento aos "diferentes", pois exige novas imagens e metáforas para os sentimentos, para o autoentendimento e também para o ser em comunidade. Amizades são assimétricas, no sentido de que as diferenças entre os amigos provocam, incitam, deslocam.

A pluralidade é um estímulo para a reflexão sobre a identidade de cada indivíduo. Desse modo, o "estranho" nos coloca diante de um desafio: o de sacudir formas fixas de sociabilidade, sobretudo aquelas que os consideram inimigos, geradores da desordem e do medo. O risco que esse desafio nos impõe é que saibamos desenvolver uma percepção sensível para as diferenças de opinião e de gostos.

A solidariedade que acompanha o vínculo da amizade, ao recusar a dissolução do outro neste, prepararia o caminho para que formas de vida até então desprezadas criassem um modo próprio de ser na/em comunidade. A ética da amizade não define um único estilo de vida como correto e "bom", mas valoriza a pluralidade de estilos adotados por indivíduos e grupos igualmente plurais em sua multiplicidade.

Ortega argumenta que a política da amizade possibilita a experimentação de um mundo comum que una e separe os indivíduos ao mesmo tempo, mantendo sempre a distância entre eles, condição da pluralidade. Isso pede um investimento, um engajamento na ação de criar e recriar formas de interação social tais como a cortesia, a solidariedade, a hospitalidade, o respeito. O que esse autor propõe não é a fusão ou inclusão do diferente na comunidade que aí já está, mas um exercício criativo para produzir novos significados, espaços e imagens de contato com o outro, sem prescrever um único modo de existência como correto.

Reconhecer o mundo do outro implica tomar contato com novos valores, significados e modos de conviver agonisticamente com o outro, em uma provocação permanente. O estranho não é necessariamente o inimigo: tudo depende de que forma de sociabilidade ele está sendo investido pelos sujeitos em interação. Cabe à comunicação sustentar uma intersubjetividade que privilegie o contato com o outro baseado no respeito à singularidade, à inventividade e à pluralidade de sujeitos agrupados em comunidades de sentidos, os quais originam os mundos compartilhados e também as fronteiras, desterritorializações e cisões.

A sociabilidade é condição primeira para o reconhecimento. Estar com os outros requer mútuo respeito, mútua simpatia ligados a sentimentos que impulsionem o indivíduo a prosseguir seu projeto de vida de acordo com os preceitos que ele julga ser melhores para sua autorrealização. É por meio de nossas relações intersubjetivas e do constante trabalho de reflexão sobre a linguagem que fazemos, vemos e revemos nossos valores, escolhas, posturas e posições.

O reconhecimento mútuo, então, depende da propagação e do compartilhamento das expectativas de comportamento normativo; para ser reconhecido, o sujeito deve se servir das regras que o tornam cúmplice de determinados modos de conviver em sociedade. É claro que agir de acordo com as regras de conveniência social não implica suprimir as diferenças e singularidades individuais. Se a luta por reconhecimento tem início na busca de um "código comum" negado, sua motivação maior se sustenta na diferença, naquilo que foi causa de desrespeito. Por isso, o reconhecimento é um aprendizado com raízes na intersubjetividade e nas práticas do mundo da vida – na comunicação.

A ética da amizade proposta por Ortega nos lembra que o gesto humano por excelência é acolher o outro em nosso olhar, em nossa palavra, em nosso mundo, estabelecendo passagens pontilhadas de espaços relacionais, nos quais o tempo se torna mais lento e mais generoso com os interlocutores – que podem, enfim, criar, inventar cenas de interpelação nas quais há a emergência de um estado de disponibilidade, de escuta, de doação. A hospitalidade para com o estrangeiro nos humaniza enquanto humaniza o estranho para quem inauguramos a possibilidade de ser amparado, escutado, considerado.

A experiência da alteridade, dentro e fora da comunidade, requer de nós abertura incondicional ao encontro. É preciso que nos deixemos afetar pela diferença e permitir que o outro nos modifique, modifique nossa forma de ver, de ser e de existir no mundo e com os outros. Tal transformação não se realiza sem desconsiderar os riscos de acolher o estranho, sem um deslocamento de identidades fixas, homogeneizantes, consensuais e redutoras que impedem o florescimento da pluralidade e da experimentação que permite à vida momentos de silêncio, opacidade, deslocamento e pausa.

O espaço cotidiano, quase sempre marcado pelo "antagonismo" (o ódio ao estranho e o desejo de apagá-lo) e não pelo "agonismo", isto é, pelo encontro com o outro que me desestabiliza

- do grego *agon*, "confronto" –, raramente oferece um momento de convivência que aceite o estranho em um acolhimento não baseado em regras institucionalizadas, e sim feito por meio de uma interlocução solidária, de uma comunicação reflexiva e criativa, que buscam, por meio de valores e afetos comuns, fazer avançar tanto as narrativas identitárias individuais e coletivas quanto as experimentações e potências dos encontros entre singularidades e mundos possíveis.

A COMUNIDADE POLÍTICA DE PARTILHA

O "comum" de uma comunidade é, em certa medida, a condição de definir ações por intermédio da linguagem, não para naturalizar uma igualdade que não existe e muitas vezes apaga ou incorpora diferenças, mas para "fazer parte" dos assuntos, temas e interesses. O "comum" de uma comunidade se refere, entre outras coisas, à possibilidade de seus integrantes serem considerados interlocutores dignos de respeito e estima.

A formação de um mundo comum está intimamente ligada à construção pragmática do espaço público. Mas, além disso, um mundo comum resulta da formação de uma comunidade sensível, da invenção da cena de interlocução na qual se inscreve a palavra do sujeito falante, e na qual esse próprio sujeito se constitui de maneira performática, poética e argumentativa. Viver juntos e em meio a fraturas torna-se mais desafiante que "ser em comum", uma vez que viver com o outro requer sua consideração, a apreensão sensível de seu mundo e de suas marcas sem necessariamente incorporá-las ao próprio universo.

É o espaço existente "entre" os sujeitos que, por meio do diálogo, se manifesta no espaço público. Isso não significa que, em uma comunidade, sempre exista acordo: ao contrário, o espaço da comunidade inclui a diversidade de opiniões e pontos de vista – é da ordem do dissenso, do diálogo e da reconfiguração.

Uma comunidade política que se estrutura em relações estabelecidas em meio à divisão e ao compartilhamento constantes entre os seus membros, na criação de um "comum", é chamada pelo filósofo Jacques Rancière, em *Aux bords du politique*, de "comunidade de partilha". Segundo ele, esta se caracteriza como uma "comunidade de intervalos", em que "o ser em comum" é definido pelos vínculos que ligam os sujeitos sem tirá-los do registro da separação.

A comunidade política de partilha parte de uma definição da igualdade que possibilita a afirmação de cada indivíduo como alguém que compartilha um mundo comum e, ao mesmo tempo, preserva os intervalos entre uma multitude de experiências individuais. Esse tipo de comunidade "acontece" como processo de construção e constante redefinição do lugar ocupado pelo sujeito político, compreendido como uma brecha entre classificações externas, autoentendimentos e situações culturais que configuram as interações entre o "eu" e o "outro".

Para Rancière, formas de agir e de ser do sujeito que tendem mais ao desentendimento permitem instaurar uma comunidade na qual a igualdade é o exercício constante de regular a proximidade e a distância entre seus membros. Seria preciso, então, "aprender a recriar a cada instante o próximo e o distante que definem os intervalos da comunidade", diz.

Formas de comunidade política não têm como objetivo fazer coincidir semelhantes e dessemelhantes, mas revelar que a partilha de um mundo comum é feita, ao mesmo tempo, da tentativa de estabelecer ligações entre universos fraturados e da constante resistência à permanência desses vínculos.

A comunidade política de partilha contrapõe dois modos de "viver juntos": um deles distribui corpos e vozes segundo os modos de ser, fazer e dizer que convêm a cada um. O outro suspende a harmonia do senso comum revelando a contingência e a fragilidade de uma pressuposição igualitária entre todos os sujeitos de palavra.

De acordo com Rancière, a comunidade de partilha oferece a oportunidade de participação para pessoas que até então não eram vistas como pertencentes a esse espaço. Trata-se de uma tentativa de introduzir aqueles que não faziam parte do registro sensível do comum na comunidade consensual de pressuposição igualitária.

O DESAFIO DA COMUNIDADE

Os tipos sociais produzidos pela modernidade agora estão soltos no meio da sociedade que se quer ordeira, que deseja que os estranhos fiquem escondidos e entocados nos subúrbios, nos enclaves distantes da cidade, dos shoppings, das empresas e vitrines badaladas.

Uma das maiores dificuldades da sociedade contemporânea é saber lidar com os estranhos que produz. A ambiguidade é inerente aos contextos em que diferença, alteridade e sociabilidade são requisitados para que os indivíduos estabeleçam contatos que visem ao mútuo entendimento. E isso não exclui as diferenças; ao contrário, elas são um fator importante da intersubjetividade.

Diante disso, fazer da vida uma experiência estética forte, escapando das pressões que sujeitam os indivíduos a aceitar modelos prontos, requer, talvez, um olhar atento para a unidade na relação com a diferença – as práticas compartilhadas na comunidade.

PARA AMPLIAR A LEITURA

YAMAMOTO, E. "O conceito de comunidade na comunicação". *Revista Famecos*, n. 21, v. 2, 2014, p. 34-46.

PAIVA, R. *O espírito comum*. Rio de Janeiro: Mauad, 1999.

8. Em que mundo você vive? A ética e os enquadramentos do cotidiano

PADARIA PERTO DE CASA. Fila do balcão de frios. Pedi 100 gramas de queijo. O balconista fatiou um pouco mais, 110g. "Pode ser?", perguntou. Concordei e, enquanto ele fazia o embrulho, um senhor de cabelos brancos logo atrás na fila disse, em tom de segredo: "Ele sempre faz isso, coloca a mais". "Foram só dez gramas", respondi. O senhor não se deu por vencido: "É, mas dez aqui, dez ali, rouba de todo mundo. É o dono que manda, por isso está rico!" "Não deve ser de propósito", respondi. Ao que ele retrucou, espantado: "Você não quer ver as coisas como elas são". E emendou: "Em que mundo você vive?"

Como vimos, Erving Goffman, em *Os quadros da experiência social,* mostrou, ainda nos anos 1970, a importância de saber quais são os enquadramentos que usamos para "definir uma situação" como real. Em certa medida, a proposta de Goffman é contraintuitiva: aprendemos, em geral, que primeiro é preciso ver determinada situação para depois interpretá-la; para o autor, ao contrário, *primeiro interpretamos,* depois vemos – geralmente, o que queríamos ver. O passo inicial para entender essa situação é olhar, justamente, para os "quadros", "enquadramentos" ou "molduras" – a metáfora é de Goffman – que usamos para entender o cotidiano.

Naquele momento, talvez o senhor na padaria não tenha pensado nas questões éticas implicadas em sua fala. A pergunta "em que mundo você vive?" é feita quando alguém parece não ter a mínima noção acerca de um assunto que todos conhecem. O tom

119

geralmente é negativo – não saber o que todo mundo sabe significa, na melhor das hipóteses, distração; na pior, desinteresse. Nos dois casos, o objetivo é fazer a pessoa ter consciência de certa realidade.

Estamos acostumados, no cotidiano, a falar da "realidade" como se estivéssemos de acordo a respeito do que é isso e como se ela fosse única. No entanto, há vários elementos que a formam, várias linhas que compõem seu tecido – e não deixa de ser uma coincidência que "tecido" esteja perto da raiz de "texto". Cada indivíduo, nesse emaranhado, transita entre várias dessas linhas. A noção mais simples é a de que existe uma realidade comum a todas as pessoas. Ela pode ser percebida igualmente por todos e independe de cada um. Se alguém por acaso não sabe identificar essa realidade, se não sabe o que está acontecendo nela, é porque vive em outra dimensão, em outro mundo.

Isso leva a outra pergunta: é possível a alguém viver no próprio mundo, distante do que seria "normal"? A "realidade" para essa pessoa diverge, em graus variados, das outras – afinal, se é preciso chamar a atenção de um indivíduo para os fatos *desta* dimensão da realidade, é porque ele está em *outra*.

A ficção é pródiga em lidar com a noção de realidades múltiplas, geralmente partindo do pressuposto de que existem várias ordens ou dimensões de uma realidade concreta. A noção, largamente explorada, de que existem "universos paralelos", bastante trabalhada na ficção científica, é a de que nosso universo não é o único, sendo a "realidade" algo fragmentado.

Mas não é preciso recorrer à ficção para pensar no assunto. O filósofo norte-americano William James, em um texto chamado "As múltiplas realidades", escrito no final do século 19 e publicado no livro *Princípios de psicologia*, chamou a atenção para esse fenômeno: vivemos em múltiplas realidades, mas quase não nos damos conta disso. Além disso, essa pluralidade costuma ser comprimida como se fosse uma entidade singular, *a* realidade.

Com isso, James voltava a uma das principais questões da filosofia: existe uma realidade objetiva, isto é, independente de quem a vê, ou toda realidade está ligada à pessoa que a observa – no caso, eu? Existe realidade além da primeira pessoa? Posso ter acesso à realidade tal como ela é ou estou condenado a sempre observar a "verdadeira" realidade modificada pelos sentidos? Quando falo em "realidade", refiro-me a um mundo comum onde todos vivemos ou a meu mundo particular, percebido apenas por mim? É em relação a isso que se apoiam algumas das principais dicotomias da filosofia, o objetivismo e o subjetivismo do conhecimento. Esse problema não escapou à maior parte dos filósofos, que ofereceram várias respostas para o problema.

Em *Crítica da razão pura*, Kant afirma que a experiência chega pelos sentidos, mas é elaborada como conhecimento pela razão. O elemento subjetivo, aqui, está presente como o organizador dos dados da realidade – se é possível correr o risco de oferecer uma imagem, seria mais ou menos como um copo que, de certo modo, dá a forma ao líquido que está dentro dele. O líquido veio de um ambiente externo ao copo, mas ao ser colocado lá dentro toma a forma cilíndrica do recipiente.

Com isso, Kant ofereceu uma solução a respeito da relação entre mente e sentidos na compreensão do mundo. A realidade existe como fato objetivo, mas só pode ser percebida de forma subjetiva pela razão – conhecemos os *fenômenos*, isto é, a manifestação das coisas; os *noumenos*, isto é, as *coisas em si*, permanecem fechadas aos nossos sentidos.

O MUNDO EM PRIMEIRA PESSOA

Outra resposta veio no início do século 20 com uma das principais contribuições de Edmund Husserl à discussão sobre a realidade: o conceito de *Lebenswelt*, traduzido como "mundo vivido" ou "mundo da vida".

Trata-se, em linhas bem gerais, do mundo cotidiano, do que seria chamado de "vida real" em sua expressão mais simples, como a experiência prática que se tem do cotidiano, da vida com todos os outros. Essa investigação da experiência como ponto de partida seguiu, na trilha de Husserl, ideias de outros filósofos, como Edith Stein e Alfred Schutz.

Tudo que não pode ser captado diretamente pelos sentidos deve chegar de algum outro lugar. Essa origem provém de narrativas que, de alguma maneira, compõem boa parte do nosso conhecimento a respeito do mundo. Na vida cotidiana, muitas dessas narrativas são simplesmente aceitas sem muita preocupação. Afinal, sua relevância no dia a dia é pequena – ninguém precisa saber qual é a capital da Polônia durante uma ida à padaria.

No entanto, isso também pode ser visto como indício de que nossa concepção da realidade, em sua dimensão mais profunda, talvez seja precária: uma parte do que entendemos como "real" se liga a conhecimentos além de qualquer comprovação para nós.

Ninguém pode compartilhar a experiência do outro. Posso contar com todos os detalhes como foi meu dia, mas a pessoa que me ouve no máximo terá uma ideia aproximada de como tudo aconteceu. Isso, no entanto, não significa que ela ficará completamente ignorante de como foram minhas últimas 24 horas. Assim, embora ela nunca venha a ter acesso à minha experiência, isso não significa dizer que ficará completamente alheia ao que eu vivi. Afinal, é provável que ela tenha vivenciado experiências parecidas que lhe darão uma noção, mais ou menos clara, conforme o caso, da situação que vivi.

De um lado, só posso ter acesso direto a uma pequena parte da realidade que chega até mim por meio dos sentidos. A princípio, esse mundo da experiência seria o nível mais próximo da realidade que posso conhecer diretamente – você *está* lendo este texto.

Por outro lado, meu mundo não se encerra nessas experiências diretas dos sentidos: também é formado pela memória, registro ativo e dinâmico de experiências passadas, do que *foi*; pela imaginação, espaço do devaneio, do sonho, do que *pode ser*; e, finalmente, pelos relatos que chegam a nós.

Junto com os outros componentes, temos uma estrutura dinâmica e complexa à qual, por falta de nome melhor, chamamos de realidade. Ou, em um plural mais acertado, realidades.

O REAL É RELACIONAL

A realidade, nessa perspectiva, é vista como resultado de uma interação entre sujeitos e objetos, com o tempo e o espaço, em um fluxo constante entre os dados imediatos da experiência, e sua transformação em conhecimento. Essa relação leva a uma primeira pergunta: quais são os dados que chegam a esses sentidos? A resposta, nessa raiz da fenomenologia, indica os elementos que, de alguma maneira, terão influência na formação da mente humana e, por consequência, naquilo que ela reconhece como realidade.

O mundo vivido, nessa perspectiva, está na minha consciência e é interpretado por ela, constituindo-se meu mundo. O objetivo e o subjetivo estão em relação sem se reduzir um ao outro. Minhas disposições subjetivas alteram a percepção da realidade, mas não a eliminam.

O afeto, por exemplo, pode interferir no julgamento de um fato – basta pensar como tudo fica mais bonito depois de receber uma boa notícia ou quando se está vivendo um momento feliz na vida afetiva. Por outro lado, até mesmo um belo dia de verão pode parecer insuportavelmente sombrio para quem acabou de terminar um relacionamento.

Essa posição presume uma consciência *relacional*: a consciência humana não está fechada em si mesma, agregando a ela os dados do exterior; da mesma maneira, os dados que chegam pelos sentidos não estão exclusivamente nas coisas, de modo independente do ser que conhece; o conhecimento acontece na relação entre a consciência e o mundo além dela, em um fluxo no qual não há um momento primeiro, mas uma interação.

CÉREBROS EM UMA CUBA

Uma das mais perturbadoras hipóteses a respeito da realidade é apresentada pelo filósofo norte-americano John Searle em *Mente, linguagem e sociedade*, e guarda semelhanças com o filme *Matrix*. Em essência, o que chamamos de "realidade" é uma série de impulsos elétricos que caminham de nossos sentidos até o cérebro através de uma complexa rede neuronal e formam o "real" – sensações, imagens, movimentos, sabores, o cheiro de uma planta, o toque de uma mão. Todas as experiências da vida, das mais sublimes às mais perversas, são pequenas descargas elétricas.

Se o panorama é desolador, a proposta seguinte não melhora as coisas: se o mundo real é um conjunto de impulsos elétricos decodificados, quem garante que não somos cérebros flutuando em uma cuba de cerâmica, estimulados diretamente por eletrodos? As pessoas, as ruas, as sensações, tudo se formaria à minha passagem, conforme as percebo na forma de sons, imagens, cheiros etc.

A realidade e eu passamos a ser uma coisa só e nada mais existe. Fim de jogo.

A proposição parece contradizer o bom senso mais elementar, mas traz em si o problema das relações entre percepção e realidade – próximas, inclusive, da proposta de "realidade" do empirismo inglês do século 18.

Na obra *Tratados sobre a visão*, o filósofo britânico George Berkley substitui o cartesiano "penso, logo existo" por "ser é ser percebido". O que não pode ser sentido não tem existência para mim. Isso quer dizer que a realidade se dissolve quando viro de costas para ela? Para Berkley, aliás, bispo Berkley, a realidade, mesmo fora do meu campo de percepção, continua sendo percebida por Deus.

O passo decisivo, dado pelo filósofo escocês David Hume, é eliminar Deus da argumentação. Sem essa garantia, a certeza na existência do real é deixada de lado. As sensações, as noções de causa e efeito e os conhecimentos são reduzidos aos sentidos, sem nenhuma possibilidade de provar a existência objetiva do mundo. Realidade é só uma coisa que colocaram na sua cabeça.

A ÉTICA DO MEU MUNDO, A ÉTICA DO MUNDO DOS OUTROS

Há uma dimensão ética ligada ao problema da realidade. A pergunta "em que mundo você vive?" não está relacionada apenas ao conhecimento. A maneira como vemos o mundo está diretamente entrelaçada ao modo como agimos nele e ao nosso comportamento em relação aos outros. Minha visão de mundo influencia a maneira como situo as pessoas nele, como interpreto suas ações em relação a mim e aos outros. A equivalência entre "realidade" e "visão da realidade" costuma ter consequências práticas, isto é, interfere diretamente na relação com o outro.

Deixando de lado a dimensão médica ou psicanalítica do problema, que implicaria o recurso a tratamentos, é possível verificar como isso acontece no cotidiano. Minha visão de mundo é uma espécie de linha invisível que, de certo modo, costura as experiências vividas em torno de alguns princípios, valores e ideias que tendo a considerar "corretos" – embora, na maior parte dos casos, as pessoas nem sequer se deem ao trabalho de questionar essa visão, exceto em situações de crise.

Em geral, pauta-se a ética nas noções que se tem da realidade. Uma visão dessa realidade composta por conhecimentos e classificações de determinado tipo pode levar a valores éticos igualmente específicos. As mudanças nesses valores, no sentido oposto, costumam estar ligadas a mudanças nessa visão de mundo.

Uma visão da realidade que categoriza determinado grupo como inferior abre brecha para que esse grupo seja maltratado

– em ultimo caso, eliminado. É possível delinear uma explicação para isso. As "visões de mundo" geralmente não são pensadas como tais, mas como a "realidade" em si. A essa primeira equivalência segue-se outra: equivaler "realidade" e "normalidade". Desse modo, naturalizam-se valores arbitrários que passam a ser considerados "normais" dentro de uma visão de mundo que não se reconhece como tal.

Uma das dificuldades de questionar o que é a realidade está na aparente obviedade da resposta: todo mundo sabe o que é o mundo real. Afinal, vivemos nele. Todo mundo pega ônibus, metrô, vai à padaria, ao supermercado, tem alegrias e problemas no trabalho, na família. A vida real se desenrola diante de cada um com tal normalidade que qualquer questionamento pode ser visto como inútil ou absurdo. A distância, é fácil explicar o que é a "realidade" e associá-la com o "normal". A realidade seria o mundo comum, normal, onde todos vivem. Ponto-final.

O problema é que, quando aproximamos a lente da existência individual, essas fronteiras tornam-se menos nítidas. O "todo mundo", expressão utilizada no parágrafo anterior, dá lugar ao indivíduo e à complexidade das ações individuais. Se é possível jogar com as palavras, sabe-se perfeitamente o que é normal ou anormal até o problema ser pensado em termos particulares.

Por exemplo, é considerado normal que uma pessoa colecione miniaturas de carros esportivos. Mas seria normal, digamos, colecionar caixas de chá? O número de colecionadores de chá é consideravelmente menor que o de miniaturas de carros, mas essa diferença quantitativa implica decidir, qualitativamente, que uma prática é normal e a outra não?

Em seu estudo clássico sobre fãs, intitulado *The adoring audience*, Lisa Lewis coloca essa questão em outros termos, que podemos adaptar aqui: a pessoa que gasta milhões de dólares para comprar uma pintura é respeitada como um "colecionador"; quem gasta centenas de dólares em material promocional de sua série preferida é "maluco".

A maneira como alguém age no cotidiano está ligada à percepção da realidade que a pessoa tem. Com base no retrato que fazemos de determinada situação definimos como agir, o que fazer, quais serão nossas ações. Existe uma relação aparentemente direta entre o conhecimento que temos da realidade e nossas ações dentro dela. Quando se pensa em interação, a pergunta não é se a realidade existe ou não, se vivemos em um mundo real ou em um reflexo do mundo das ideias, se há um mundo objetivo ou não. A questão, nesse caso, não é "o que é o mundo real?", mas, partindo do princípio de que esse mundo existe nas relações de intersubjetividade, "qual é o mundo real que eu conheço?".

REGRAS E REGULARIDADES NO COTIDIANO

Esse tipo de questionamento aproxima-se mais da perspectiva deste livro, partindo do pressuposto de que essa realidade, construída nas representações oriundas da interação entre os seres humanos, pode também ser alterada e reconstruída na medida em que essas representações também podem ser modificadas – se é humano, é histórico; se tem uma história, significa que foi feito, e portanto pode ser desfeito, alterado, transformado.

Se acredito que determinada situação é perigosa, por exemplo, tendo a tomar mais cuidado. Não há, aqui, nenhum determinismo: nada impede que alguém faça exatamente o contrário. É preciso deixar clara uma diferença da qual nos lembra Pierre Bourdieu, no livro *Coisas ditas*, entre regra e regularidade: se, por um lado, é muito difícil falarmos em "regras" dentro de uma sociedade, mais ainda em "leis" do comportamento humano, por outro lado é possível identificar algumas regularidades e tendências na ação das pessoas sem que isso, em absoluto, signifique a obediência a leis ou regras.

A história e a literatura estão forradas de exemplos dessa relação entre conhecimento e ética, momentos nos quais determinada visão de mundo desencadeou uma série de ações contra determinados grupos. O problema cognitivo da explicação da realidade toma a forma de um problema ético na conduta para com o outro. Algo que diz respeito a uma variada gama de relações humanas. Do confronto entre povos e nações a uma visita à padaria.

PARA CONTINUAR REFLETINDO

BERGER, P. L.; LUCKMANN, T. *A construção social da realidade.* Petrópolis: Vozes, 2011.

PAIVA, R.; BARBALHO, A. (orgs.). *Comunicação e cultura das minorias.* São Paulo: Paulus, 2005.

RODRIGUES, A. D. *Dimensões pragmáticas do sentido.* Lisboa: Cosmos, 1996.

9. Estereótipos, mídia e realidade

EM 1925, NA PEQUENA cidade norte-americana de Dayton, no Tennessee, o professor John Scopes, que ensinava Biologia em uma escola estadual, foi acusado de ensinar a Teoria da Evolução, proposta por Charles Darwin em seu livro *A origem das espécies*, de 1859. A questão era séria: a Constituição do estado proibia o ensino de qualquer coisa que fosse contrária a uma interpretação literal da Bíblia.

O julgamento do caso atraiu a atenção da opinião do público, e os argumentos eram fortes: de um lado, um dos grupos argumentava partindo da ciência; o outro, da Bíblia – ao menos, de uma leitura possível desta. Mas as posições eram igualmente radicais: para um ateu, a base religiosa não significa nada, assim como para alguns religiosos a Teoria da Evolução não passa de uma bobagem vulgar.

Mas, em um tribunal, o que conta mais? Em que medida a crença de alguns pode definir o que será ensinado a todos? Ao mesmo tempo, com base em quais critérios a crença de alguém pode ser colocada em jogo?

Essas questões transformaram o julgamento de Scopes em um espetáculo midiático – para os padrões da época, isso significava ampla cobertura nos jornais, que destacavam cada lance da acusação ou da defesa. O caso foi transformado no filme *O vento será sua herança*, de 1960.

(Em tempo: Scopes foi considerado culpado, mas o julgamento foi posteriormente anulado por uma questão técnica.)

A questão segue atual: como conviver com pessoas que têm visões de mundo diferentes, às vezes incompatíveis com as nossas? Uma das características das chamadas "sociedades pluralistas" é a presença de vários grupos e indivíduos que lutam pelo reconhecimento de seu direito de ser o que são e viver com as mesmas garantias que todos os outros. Mas isso não acontece de graça: para obter esse reconhecimento, é preciso que cada grupo leve, continuamente, suas questões para esferas públicas de debate. Nem sempre essas esferas alcançam graus muito altos de visibilidade, mas nem sempre ela é necessária ou desejada. A questão é que as lutas por reconhecimento requerem uma semântica coletiva alcançada frequentemente nos encontros e negociações estabelecidos em esferas públicas múltiplas e, em grande parte, articuladas.

O problema é como chegar lá.

Nesse sentido, a mídia reúne e coloca em confronto perspectivas e enquadramentos diversos, no sentido de Goffman, elaborados com base nas experiências de cada um, permitindo, em alguns casos, que tenha início um processo de esclarecimento recíproco. Isso é fundamental para que os estereótipos e representações pré-fabricadas de grupos e pessoas, que em geral pautam as interações comunicativas, sejam revistas e reformuladas, trazendo essas questões de interesse coletivo para um amplo debate público.

A visibilidade midiática pode ser, em algumas circunstâncias, um espaço de debate e deliberação, capaz de abrir possibilidades de mudança no modo como percebemos as outras pessoas (e a nós mesmos).

A maneira como grupos sociais são representados na mídia pode ter graus diversos de influência no modo como eles serão vistos por outros setores da sociedade – e a maneira como vemos alguém ou um grupo define, em boa medida, como será nossa atitude em relação a ele.

Perceber outras pessoas e comunidades como iguais a nós pode contribuir para um processo no qual os interlocutores se entendam como participantes de diálogos, capazes de interpretar enquadramentos em disputa e de apresentar/justificar racionalmente suas ações, suas necessidades e seus desejos.

A mídia, ao mesmo tempo que seleciona falas e discursos para ganhar visibilidade, tem a capacidade de reunir as vozes de pessoas e grupos diferentes, articulando argumentos e questões em focos temáticos de modo coerente.

Concomitantemente, ao selecionar suas fontes e conferir visibilidade e destaque a apenas certos aspectos dos acontecimentos, a mídia privilegia apenas alguns segmentos sociais em lugar de outros, como lembra Gaye Tuchman em seu livro clássico *Making news*, ainda sem tradução em português. O circuito industrial de produção da mídia não leva em conta, em primeiro lugar, as questões de representação, ética ou moral na discussão pública. Seu maior compromisso, num sistema pautado pelo lucro, não é outro senão o lucro.

A ética da comunicação destaca a importância de analisar o modo como os indivíduos são representados em público – em particular, nesse caso, qual seria sua representação na mídia e como isso se torna pauta das interações cotidianas. Ao mesmo tempo, leva em consideração a necessidade de conectar a experiência particular de um indivíduo ou grupo a questões mais gerais e, finalmente, levar em consideração a experiência dos outros.

Nesse sentido, quando uma questão vem a público, geralmente pela mídia, essa visibilidade não só permite que um número maior de pessoas saiba o que está acontecendo, interprete criticamente as mensagens, expresse suas opiniões e conteste o que foi dito como também pode promover um intenso fluxo de discursos que chamam por esclarecimentos.

Por exemplo, um grupo social que se considere mal representado ou ofendido em um programa de TV humorístico pode pressionar a emissora para, pelo menos, se fazer ouvir. Isso não significa que algo será feito imediatamente: em primeiro lugar, é preciso haver alguma concordância a respeito de *qual é o problema*.

E o ponto está longe de ser óbvio: o que é considerado ofensivo e discriminatório para um grupo social pode não ser visto assim por outro. É o caso, por exemplo, de inúmeras formas de "humor" que tentam fazer rir com piadas sobre grupos historicamente oprimidos. O passo inicial de qualquer busca de reconhecimento é mostrar que, no caso, não é "simplesmente humor", mas uma forma de ofensa e desvalorização dos outros. Há, nessa situação, uma disputa entre enquadramentos – um grupo vê a situação como "ofensa", enquanto o outro a entende como "humor".

O primeiro passo, portanto, é fazer os interlocutores compreenderem quais são os quadros comuns de sentido para iniciar um debate – tentando mostrar aos defensores do enquadramento "humor" quais são os pressupostos do enquadramento "ofensa".

A presença dos enquadramentos no espaço midiático destaca a importância da identificação dos "temas" e "enredos" delineados pelos meios de comunicação, os quais agrupam pontos de vista, esboçam diferentes nuanças do problema e orientam a discussão pública que se estabelece entre os participantes do processo de debate. Em um exemplo simples, basta pensar em como determinados grupos são sempre representados da mesma maneira, seja em telejornais ou programas de entretenimento.

O enquadramento é, de alguma maneira, um jeito de garantir determinadas associações entre o que vemos: na mídia, em geral, é muito mais comum ouvir notícias sobre violência no Oriente Médio ou na periferia das grandes cidades do que sobre a cultura e o cotidiano dessas regiões. Seria possível dizer, em linhas gerais, que o conceito "violência" é a principal referência ou quadro de sentido quando pensamos nesse assunto.

O enquadramento da mídia cria uma espécie de roteiro de interpretação que pode ser lembrado a qualquer momento pelos interessados. Ele envolve uma atividade coletiva de definição de um problema público, na qual *eixos discursivos e temáticos* são responsáveis, ao mesmo tempo, por reunir argumentos afins e organizar as tensões entre os diferentes grupos.

No entanto, os enquadramentos são apenas um entre vários elementos utilizados no processo de discussão pública na mídia. Eles nos permitem ver como os meios de comunicação lidam com diferentes fontes e seus proferimentos por meio da construção de um enunciado próprio.

No jornalismo, por exemplo, as declarações das fontes são recortadas e adaptadas segundo a história que a notícia vai contar. Certamente se espera algum grau de fidelidade – caso contrário, estaríamos falando de ficção, e não de jornalismo; no entanto, mesmo quando se busca ser fiel ao que a fonte disse, há sempre uma reorganização de suas declarações.

Isso, de saída, já permite lembrar que o enquadramento de situações não depende apenas de decisões morais relativas ao bem ou ao mal que se pretende, voluntária ou involuntariamente, fazer. Trata-se de práticas sociais presentes no ambiente de produção e circulação da mídia – uma questão ética, em outras palavras.

Ao mesmo tempo, é preciso avaliar como as declarações e representações de diversos grupos são textualmente encadeadas no espaço de uma reportagem e, em termos mais amplos, em todo o conjunto de discursos midiáticos – ou seja, como a história de um grupo ou comunidade vem sendo contada em longo prazo.

Para captar e exprimir a dinâmica de contraposição dos discursos, das tomadas de posição "pró" ou "contra" em um debate, por exemplo, é preciso encontrar, nos enquadramentos, os princípios que formam sua base, as concepções e ideias que os alimentam, criando uma abordagem que permita a avaliação qualitativa de um processo mediado específico de troca argumentativa.

ENTRETENIMENTO E ÉTICA: PARA ALÉM DOS ESTEREÓTIPOS

Grande parte das representações da mídia, ao mesmo tempo que descortina e revela realidades distantes ou não familiares, pode também dar origem a representações estigmatizantes, capazes de prejudicar a autorrealização dos indivíduos, seja negando-lhes a estima devida, seja imputando-lhes um *status* subalternizado e indigno.

É sobre os meios de comunicação que recaem algumas das expectativas ligadas ao reconhecimento, pois, na medida em que suas mensagens são amplamente difundidas e incorporadas à fala cotidiana, elas fornecem material não só para a construção da identidade, mas também para alimentar os conflitos. A luta por reconhecimento, além de ser um processo de aprendizagem social, pode, no contexto mediático, aumentar a visibilidade de demandas de inclusão de identidades tidas como "desviadas" de um padrão normativo amplamente aceito.

Os temas presentes na mídia podem levantar questões muito sérias relacionadas com a representação e a autorrepresentação das pessoas. Vale lembrar, por exemplo, as discussões sobre o alcance dos *posts* em redes sociais relacionados a maternidade, carreira e criação de filhos (ao que tudo indica, não há praticamente equivalentes para o universo masculino: o pressuposto de uma paternidade ativa ainda não parece ter sido realmente incorporado pelo conjunto da sociedade).

Vários são os temas abordados capazes de suscitar um envolvimento da audiência para além da mera empatia. Não raro, é possível constatar a solidariedade com os "não iguais". Porém, muitas vezes a superficialidade impede um maior grau de envolvimento e responsabilidade dos indivíduos que ultrapassem a fina película do entretenimento individualista.

Contudo, podemos pensar nos recursos da mídia como uma maneira, ainda que parcial, de repensar a experiência do cotidiano ao facultar aos indivíduos a possibilidade de reavaliar o modo como analisam, modificam e recriam seus parâmetros de avaliação e julgamento de si mesmos e dos outros.

Representações e elementos simbólicos contidos nas narrativas midiáticas, além de difundir códigos, contribuem para que cada vez mais os indivíduos revejam suas posições diante do julgamento alheio.

Dessa maneira, as produções da mídia reúnem conhecimentos e saberes partilhados e também incorporam aspectos de experiências identificadas como injustas, ou seja, práticas percebidas como geradoras de infortúnio ou desrespeito. E isso acontece sobretudo no âmbito do entretenimento. Veja-se, por exemplo, a série *Agente Carter*, focada na vida de Peggy Carter. Ela trabalha para uma agência do governo norte-americano no pós-guerra imediato. Ao longo da série, inúmeras questões relativas à autonomia da mulher, seu lugar na sociedade e no mercado de trabalho e, principalmente, sua busca de reconhecimento como uma igual em relação aos colegas homens são amplamente mostradas, desafiando a audiência a pensar semelhanças e diferenças com o mundo atual.

Nesse sentido, *Agente Carter* é entretenimento, sem dúvida, mas igualmente toca em assuntos relacionados ao reconhecimento social de um grupo. E estamos falando de uma série que teve apenas duas temporadas.

Como salientam Ella Shohat e Robert Stam em *Crítica da imagem eurocêntrica*, a visibilidade proporcionada pela mídia a narrativas e representações associadas a modos de opressão simbólica podem iniciar debates e discussões que evidenciam questões relativas à busca de representação e legitimidade de grupos marginalizados.

Os estereótipos, nesse sentido, podem tanto perpetuar estigmas quanto questioná-los – desde que, para isso, seja possível uma leitura crítica da mídia. Nesse caso, o assunto se direciona para a educação.

Em contrapartida, as pessoas precisam mudar suas concepções interpretativas acerca dos "diferentes", seu modo de vê-los e de conviver com eles – e isso só é possível em larga escala, com mudanças nos modos de representação midiática. Somente essa disposição de questionar nossas crenças e ideais permite-nos modificar nossas opiniões por meio do relacionamento com o outro. Essa é a base de uma relação de reciprocidade, marcada pela responsabilidade e pela tolerância.

Assim, novas formas de relações sociais e de construção dos discursos midiáticos precisam levar em consideração as diferenças sem reduzi-las a representações esquemáticas, estereotipadas e pouco complexas. Mudar as formas de representação na mídia significa um passo importante para uma ética das práticas comunicativas, pois os laços de solidariedade e cooperação recíproca fazem ampliar as ligações entre indivíduos, mundo da vida e alteridade.

Uma ética da comunicação deve contemplar o desejo e a necessidade de estar com o outro, de aceitar o desafio que este nos lança por meio de sua singularidade, de sua diferença. O encontro com o outro, seja na comunidade ou pela mídia, se expressa sempre de uma forma na qual um indivíduo incita o outro por meio da dúvida e do estranhamento.

A circulação de discursos da mídia, principalmente nos ambientes digitais, é um dos principais fatores por meio dos quais grupos ou indivíduos recriam suas próprias formas de representação, interpretação e comunicação de modo a possibilitar seu reconhecimento diante dos outros.

As representações da mídia têm o potencial de explorar o confronto entre ideias já cristalizadas em nosso imaginário e as possibilidades de mudança. Não é só na identificação que nos percebemos como comunidade, mas sobretudo pela presença da diferença, da pluralidade. Reconhecer o mundo do outro implica tomar contato com novos valores, significados e modos de conviver eticamente com as diferenças.

Conhecer o outro, nesse sentido, é o único caminho para deixar de ter medo dele e passar a vê-lo como um *igual, apesar das diferenças*, e, portanto, alguém com quem se pode falar. Afinal, significados compartilhados são criados pelos discursos dos indivíduos, pela linguagem e até mesmo pela reapropriação das representações presentes na mídia.

A busca de uma forma ética de sociabilidade deve ser compreendida não como um abandono total e radical das tradições. A sociabilidade contemporânea deve incorporar os riscos e os

ÉTICA, MÍDIA E COMUNICAÇÃO

desafios impostos pelos "estranhos" em sua demanda de reconhecimento. Nesse sentido, o poder simbólico atribuído àqueles que detêm acesso privilegiado ao que circula nos meios, sobretudo nos digitais – ou seja, o poder de impor representações aos outros desconsiderando valores e interesses coletivos –, é desafiado no âmbito da circulação da informação.

Isso requer mudanças culturais e políticas acompanhadas de uma renovação normativa derivada de uma legitimidade constituída na esfera pública de reflexão e debate. Assim, ela só pode ser alcançada por indivíduos que compartilham um mundo comum e nele se comunicam, se interpelam e buscam reconfigurar seus valores, princípios e normas morais. Talvez possa soar utópico. Mas houve um tempo em que o fim da escravização de pessoas também o era.

ANALISANDO

Lustosa, I. (org.). *Imprensa, humor e caricatura: a questão dos estereótipos culturais.* Belo Horizonte: Ed. da UFMG, 2011.

Maia, R. C. M. *Mídia e deliberação.* Rio de Janeiro: Ed. da FGV, 2008.

Maia, R.; Castro, M. C. P. (orgs.). *Mídia, esfera pública e identidades coletivas.* Belo Horizonte: Ed. da UFMG, 2006.

Marques, A. C. S. (org.). *A deliberação pública.* Belo Horizonte: Autêntica, 2009.

Mendonça, R. F.; Simões, P.G. "Enquadramento: diferentes operacionalizações analíticas de um conceito". *RBCS*, v. 27, n. 79, jun. 2012.

10. Você disse "bem informado"?
A ética da narrativa

QUALQUER PESQUISADOR OU ESTUDANTE de Jornalismo já deparou, de alguma maneira, com o tema da ética. E, na sequência, com a discussão sobre objetividade. Os enfoques variam ao infinito: definido como um ideal a ser perseguido, criticado em sua base epistemológica, recomendado por profissionais ou desqualificado como impossível, o problema da objetividade liga-se, em geral, às discussões mais amplas sobre ética e qualidade. De critério de excelência à definição do "bom jornalismo", a objetividade jornalística passou a "mito" ou impossibilidade. No entanto, observam-se nos últimos anos não só o reaparecimento da discussão sobre objetividade, mas a busca de situá-la em um novo patamar, incorporando as críticas anteriores e repensando a noção com base nessas considerações.

O tema da objetividade é frequentemente deixado de lado por estudos que a consideram "impossível" ou "sem importância". No entanto, alguns pesquisadores brasileiros retornam à questão de um novo ponto de vista. Este capítulo faz um delineamento crítico dos argumentos apresentados por tais autores, destacando os seguintes: a) há um paradoxo entre teoria e prática: jornalistas aprendem que "objetividade não existe" e, no entanto, são cobrados por rigor e precisão na apuração dos fatos; b) os livros não propõem uma volta ao conceito clássico de objetividade, reconhecendo que o conhecimento completo da realidade é impossível – toda narrativa é uma seleção –, mas c) isso não quer dizer

LUÍS MAURO SÁ MARTINO E ÂNGELA CRISTINA SALGUEIRO MARQUES

que um repórter não consiga fazer um relato objetivo de um fato singular, a matéria-prima do jornalismo.

O objetivo deste capítulo é, então, examinar, utilizando pesquisa bibliográfica, essa nova noção de "objetividade" no jornalismo tal como é apresentada pelos autores que advogam essa perspectiva. Não se trata de fazer uma crítica à objetividade nem de defendê-la, mas de observar os argumentos. Mais do que buscar uma resposta, procura-se delinear uma pergunta.

O *corpus* é composto por quatro livros: *Jornalismo, conhecimento e objetividade,* de Liriam Sponholz; *Esfera pública, democracia e jornalismo,* de Messiluce Hansen; *O percurso interpretativo da produção da notícia,* de Josenildo Guerra; e *A fabricação do presente,* de Carlos Franciscato. Buscamos, nesses argumentos, uma base para a discussão dos temas propostos pelos autores.

Em primeiro lugar, buscaremos situar brevemente o tema da objetividade nas discussões sobre jornalismo; em seguida, partindo das trilhas sugeridas pelo *corpus,* destacaremos uma dimensão epistemológica, referente às possibilidades de um conhecimento objetivo; e, também, uma dimensão ética pautada na discussão sobre a veracidade da informação obtida com o trabalho do jornalista.

O ESPAÇO DO PROBLEMA DA OBJETIVIDADE

Em *The sociology of journalism,* Brian McNair mostra como a noção de "objetividade" foi construída e afirma que ela está associada à ideia de uma relação de confiança com o leitor. Vista como um "ritual estratégico", na perspectiva de Tuchman, ou como ideal impossível de alcançar, segundo Meyer, a objetividade, apesar de sua "desvalorização científica e relativização", se mantém "mitificada" entre profissionais e na opinião pública.

O discurso dominante já há um bom tempo – como menciona Robert Hackett no texto "Declínio de um paradigma? A obje-

ÉTICA, MÍDIA E COMUNICAÇÃO

tividade nos estudos de mídia", publicado em 1984 – é o da inexistência ou impossibilidade da objetividade. Vários trabalhos de primeira linha foram escritos mostrando, com fatos e argumentos, algo que historiadores já sabiam: é impossível criar um relato objetivo do que aconteceu.

Esse discurso, no ensino de jornalismo, geralmente é acompanhado de outro. O mesmo aluno para quem se diz, com diferentes palavras, que "objetividade não existe" aprende também que as regras do jornalismo exigem rigor de apuração, checagem das informações e investigação dos fatos – uma "fidelidade canina à verdade factual", no discurso de um diretor de redação entrevistado anos atrás.

A associação entre esses dois discursos leva, na concepção de Josenildo Guerra e Liriam Sponholz, a um paradoxo: se a objetividade não existe, qual é o sentido de buscar rigor na apuração e checagem dos fatos? Se não há objetividade possível, o próprio trabalho jornalístico perde a razão de ser. Se tudo é construção subjetiva, e o jornalista nunca consegue oferecer um retrato objetivo da realidade, não faz sentido investir tempo e esforço buscando apurar informações que, em última análise, não serão mais do que uma reconstrução subjetiva distante dos fatos que lhe deram origem.

Desse modo, como ressalta Guerra, o aluno ou o profissional inclinado a uma reflexão sobre a prática aprende, de um lado, que objetividade não existe; de outro, é cobrado em termos de rigor na apuração, verificação dos fatos, balanceamento das fontes e checagem das informações – esforço que se dilui diante do argumento da impossibilidade de se oferecer qualquer conhecimento objetivo da realidade.

Na visão desse autor, o impacto disso na vida cotidiana, na medida em que indivíduos podem basear suas decisões em informações da mídia, seria desastroso: as informações, da previsão do tempo ao resultado de eleições, perderiam grande parte de sua validade – seria possível alegar, por exemplo, que Belo

Horizonte não fica em Minas Gerais ou que o Brasil não é pentacampeão mundial de futebol. Isso não significa, para Guerra ou Sponholz, advogar uma crença ingênua na objetividade e na veracidade das notícias, mas questionar se a crítica à objetividade autoriza-nos a negar, de uma vez, a realidade factual trazida pelos veículos de informação.

Caio Túlio Costa, em *Ética, jornalismo e nova mídia*, ao contrário, faz uma distinção contra essa argumentação: esses elementos são *fatos*, algo diferente do relato jornalístico, fundado, segundo explica, em uma "representação da representação".

Dito de outro modo, a capacidade que cada jornalista tem de distanciar-se e de entender o mundo deve estar solidamente baseada em sua capacidade de conhecimento do que significa representar o mundo que os outros representam.

A discussão sobre a existência ou não de fatos objetivos é diferente da discussão sobre a objetividade no relato jornalístico. A impossibilidade da objetividade, neste último caso, está ligada aos procedimentos subjetivos do jornalista na verificação e posterior escrita dos fatos. Para esse autor, "não bastam regras éticas e a boa vontade no ato da capacitação e da edição da informação se o jornalista não tiver pleno conhecimento moral do mecanismo no qual se insere e que reproduz". No entanto, destaca Sílvia Moretzsohn em *Pensando contra os fatos*, em que medida isso exclui toda a possibilidade de um relato objetivo de qualquer fato? O equilíbrio entre essas duas posições é um dos focos de pesquisa sobre objetividade, sobretudo como um problema ético-prático e epistemológico.

A DIMENSÃO ÉTICO-PRÁTICA: OBJETIVIDADE COMO INTERESSE OU ESTRATÉGIA?

A discussão sobre objetividade deve ser pautada em termos de uma ética profissional? A julgar pela apropriação do tema por

ÉTICA, MÍDIA E COMUNICAÇÃO

esses livros, a resposta seria positiva. O compromisso com um jornalismo "objetivo" às vezes é colocado no mesmo patamar de um jornalismo de "qualidade", e mesmo quando a objetividade é destacada como um discurso potencialmente ideal-típico – veja--se, por exemplo, o clássico estudo de Clóvis de Barros Filho, *Ética na comunicação* – sua discussão nesses livros indica sua presença como parte do dever-ser do jornalista.

Em *Jornalismo, ética e liberdade*, Francisco Karam relaciona ética e objetividade na medida em que "a busca da verdade envolve tanto a exatidão na apuração informativa quanto a objetividade no relato, sem esconder a humanidade que se move neles", o que implica, segundo o autor, conceitos, valores e morais.

A proposta clássica da objetividade, pensada como relato "neutro e imparcial dos fatos", colocava-se como detentora de uma superioridade moral no exercício da profissão por lidar com "fatos" que, por si só, seriam a realidade. Assim, o dever da objetividade conferia ao jornalista a superioridade de um olhar de lugar nenhum, em contraste com o olhar "comprometido" de outras instâncias sociais.

O problema ético, nesse caso, é antecedido por uma questão gnosiológica específica: a objetividade do conhecimento jornalístico, assim como o próprio conhecimento produzido pelo jornalismo, é da natureza específica dessa atividade e, portanto, não poderia ser compreendida com parâmetros de uma teoria geral do conhecimento, explica Liriam Sponholz.

Isso, vale assinalar, está relacionado com um problema ético referente ao receptor. Em uma situação ideal, o público espera que o jornalista dê informações corretas sobre os fatos do dia. A apuração da notícia deve resultar em um texto que – seja no formato impresso, digital, lido no rádio ou na TV – dê ao público uma ideia do que aconteceu. Há uma espécie de "pacto ético", no dizer de Guerra: o público garante credibilidade ao jornalista, mas espera que o profissional faça o melhor possível para conseguir e transmitir as informações corretas.

LUÍS MAURO SÁ MARTINO E ÂNGELA CRISTINA SALGUEIRO MARQUES

Certamente, como recordam vários autores, entre os quais Clóvis de Barros Filho, Eugênio Bucci, Viviane Borelli e Caio Túlio Costa, o "fato jornalístico" difere do acontecimento em si, embora estejam relacionados. A "narração do fato", para Muniz Sodré, é, em várias dimensões, uma "reconstrução" deste, no qual fatores objetivos, no sentido de não dependerem diretamente da livre escolha do jornalista, interagem com elementos subjetivos e institucionais na construção da notícia.

Na perspectiva de Bourdieu, a junção dessas duas dimensões se verifica no *habitus* intrinsecamente vinculado a um *campo* jornalístico.

A nova concepção de objetividade, desenvolvida pelos autores do *corpus* deste texto, incorpora essa diferença, enquanto o conceito de objetividade, na outra versão, previa uma equivalência entre ambos, pensando a notícia como reflexo da realidade. Reconhecer que há diferença, mas não incompatibilidade, entre o fato e seu relato não elimina a possibilidade de narrar corretamente tal fato dentro de limites que, em vez de ser disfarçados ou encobertos, são levados em conta, afirma Carlos Franciscato em *A fabricação do presente.*

Evidentemente isso leva em conta que a pessoa que conta a história tenha o compromisso com o ouvinte/interlocutor de se ater aos fatos na medida de sua condição humana. Portanto, isso não se aplica a situações de explícita má-fé, nas quais o fato é sistematicamente distorcido pelo narrador.

Isso também não significa deixar de lado os interesses do jornalista nem da empresa de comunicação. Wilson Gomes, em *Jornalismo, fatos e interesses*, de 2009, contrabalança o interesse comercial e o interesse público na constituição da prática jornalística. Mesmo pensando em termos estritamente comerciais, sem a discussão sobre compromissos públicos do jornalismo, a busca da objetividade nessa nova concepção não se dilui. Há um público consumidor de notícias que espera por informações, seja sobre os atos do Congresso, seja sobre o último lance em um

144

ÉTICA, MÍDIA E COMUNICAÇÃO

reality show. Nos dois casos, os públicos esperam informações corretas e acreditam no profissional responsável por elas.

Romper esse pacto custa muito caro para a empresa de comunicação: perder credibilidade significa que o público vai embora – e, com ele, os anunciantes. Portanto, trabalhar de maneira ética pela melhor informação atende tanto aos interesses do jornalista quanto aos do público e da empresa.

Quando alguém deliberadamente inventa uma notícia e o fato vem a público, o que não é difícil, há uma imediata mobilização da mídia para encontrar e punir os culpados. Isso indica quanto vale, para o jornalista e para a empresa, a credibilidade conquistada no "imperativo ético", que Josenildo Guerra menciona, em uma fórmula simples, em *O percurso interpretativo na produção da notícia*: "O jornalista deve se ater à realidade dos fatos". E explica por quê: "Os jornalistas se comprometem a noticiar apenas fatos que sejam reais; em função disso, o público acredita que tais fatos noticiados sejam, efetivamente, realidade".

O autor menciona, por exemplo, o caso de Janet Cooke, repórter do *New York Times* que, em 1981, forjou uma reportagem e ganhou o Prêmio Pulitzer por ela. Descoberta a trama, além da punição da responsável, o jornal publicou cinco páginas explicando o caso e pedindo desculpas. Evidentemente nem todos os erros e distorções do jornalismo têm um final como esse. Mas, por outro lado, segundo o autor, esse tipo de distorção sistemática também não acontece todos os dias e em todas as notícias.

A DIMENSÃO EPISTEMOLÓGICA: RUMO À INTERSUBJETIVIDADE?

Sempre haverá um ponto de vista, certa inclinação, um ângulo específico, não só no jornalismo, mas em qualquer tentativa de contar uma história: ainda que filme a realidade, e usando a força das imagens, um documentário passa por vários processos de escolha, montagem, seleção e edição. Os livros de Sponholz, Guerra e Hansen não querem trazer de volta essa concepção de objetividade, geralmente ligada aos conceitos de "imparcialidade" e "neutralidade". Mas, por outro lado, consideram a seguinte pergunta: se a objetividade é só um mito, por que na prática jornalistas e produtores audiovisuais continuam escrevendo notícias e produzindo documentários como se ela fosse possível?

Não se espera que um repórter torcedor de determinada agremiação renegue sua condição para escrever "objetivamente" sobre o time adversário. No entanto, ele nunca noticiaria a vitória do adversário, em um veículo sério, em termos chulos ou sarcásticos, mas com o rigor e seriedade que seu trabalho exige.

Ao contrário, trata-se de reconhecer explicitamente as limitações do jornalista, da empresa e das rotinas de trabalho e, ao mesmo tempo, vê-lo como o profissional comprometido na busca de informações claras e precisas. Afinal, "toda conduta eticamente pautada", lembra Guerra, "se caracteriza por uma dramaticidade do indivíduo". Em outras palavras, não é uma objetividade ideal a ser obtida por um jornalista despojado de suas características humanas.

A perspectiva de Eugênio Bucci em *Sobre ética e imprensa*, nesse sentido, aproxima-se da ideia de tecer uma relação entre a prática jornalística e a objetividade com base na noção de intersubjetividade. Assim como Costa, Borelli distingue o "fato" de sua representação no discurso jornalístico. Se a objetividade é definida como "redondamente impossível", o autor também afirma que "há informações inteiramente objetivas". Quando procura ser objetivo, diz, o jornalismo busca "estabelecer um campo intersubjetivo crítico entre os agentes que aí atuam", em uma "justa, transparente e equilibrada apresentação da subjetividade".

DE QUAL OBJETIVIDADE SE ESTÁ FALANDO?

O discurso da objetividade desfruta de um valor variável no campo jornalístico. O exame da bibliografia a respeito indica a presença de posições bem distintas a respeito, sendo o único ponto em comum o reconhecimento da necessidade de debater a questão, mesmo quando dada como encerrada.

O tema vem sendo relacionado com vários aspectos do jornalismo. Um primeiro recorte destaca o percurso da informação jornalística – dos aspectos de produção da notícia, passando pelo texto jornalístico e pelos efeitos potenciais no público. Outro recorte examina o problema partindo de dimensões éticas, de um lado, e epistemológicas, do outro. Um crítico apressado, diante dessa visão do estado da questão, poderia perguntar se todos esses estudos falam de *uma* objetividade ou de *várias* concepções do tema.

Assim, o discurso da objetividade nos estudos sobre jornalismo parece enfrentar um problema também no estabelecimento dos parâmetros dentro dos quais se busca discutir. Trabalhando com pontos de partida diferentes, referenciais teóricos diversos e objetos nem sempre plenamente definidos, é possível encontrar evidências para sustentar os vários discursos formulados a respeito da objetividade.

É nesse sentido que este texto não se posiciona no debate, mas tenta de alguma forma delinear suas linhas de força, procurando alguns dos argumentos que sustentam as diversas posições.

O debate ocorre, em certas ocasiões, com base em premissas diferentes, em casos que dificilmente se prestam à interlocução. Como essas dimensões estão pulverizadas em várias obras, e até mesmo no interior de alguns livros, seria temerário fazer uma vinculação entre cada uma das questões e autores, pois isso poderia indicar uma vinculação positiva que não corresponde necessariamente a uma posição do autor. Feita essa ressalva, é possível destacar, entre outras, as seguintes dimensões:

Luís Mauro Sá Martino e Ângela Cristina Salgueiro Marques

- *Epistemológica*: a objetividade é tratada no âmbito de uma teoria do conhecimento, em alguns casos extrapolando o problema jornalístico.

- *Ética*: o problema da objetividade é vinculado às questões da credibilidade do jornalismo, construída sobre o compromisso de levar os fatos ao público.

- *Factual*: a discussão apresenta-se paralela a uma teoria do conhecimento, mas aplicada especificamente ao debate em relação à construção/reprodução do fato.

- *Textual*: aborda o problema partindo da linguagem jornalística, dando ênfase às congruências e discrepâncias verificadas no texto jornalístico.

- *Efeito de campo*: examina a objetividade no espaço dos jogos de força institucionais, comerciais e profissionais, bem como do *habitus* do profissional constituído nesse espaço.

- *Estratégica*: pensa o problema da objetividade/subjetividade na perspectiva de verificar os usos do discurso como valorização do profissional diante dos pares e do público.

- *Intersubjetiva ou relacional*: a objetividade é fruto do entrecruzamento entre múltiplas variáveis que interferem na apreensão do fato e em sua transformação em "acontecimento" – variáveis relacionais que perpassam: as experiências concretas (coletivas e pessoais) do jornalista; o contexto de sua inserção profissional e como ele interage nos espaços institucionais e lida com seus constrangimentos; e o contexto de sua relação com os leitores/interlocutores.

O quadro a seguir, com as limitações que a estilização de posições teóricas suscita, objetiva apenas facilitar a percepção das múltiplas dimensões do tema:

ÉTICA, MÍDIA E COMUNICAÇÃO

QUADRO 3. Duas perspectivas para pensar a objetividade da narrativa

	Crítica da objetividade	Proposta
DIMENSÃO EPISTEMOLÓGICA	O conhecimento do objeto não pode ser separado do conhecimento do observador. A notícia é um produto do ponto de vista do jornalista. Não é possível sair da primeira pessoa. A objetividade apresenta-se, no máximo, como um tipo ideal impossível de ser atingido na prática.	O conhecimento do objeto é obtido de seu exame rigoroso e preciso. Ter um ponto de vista não elimina a possibilidade de conhecer o fato; o reconhecimento da dimensão subjetiva é o primeiro passo para a busca de um conhecimento objetivo que transcenda o próprio ponto de vista.
DIMENSÃO ÉTICA	A subjetividade está presente na prática jornalística; as escolhas dos jornalistas no processo de produção são subjetivas.	A objetividade é o antídoto contra excessos da subjetividade. A objetividade deve ser o norte das escolhas na prática.
O PROBLEMA DO FACTUAL	O relato jornalístico é uma construção subjetiva do profissional. Os fatos são transformados pelo relato jornalístico.	Se não há objetividade, não há sentido em apurar o fato. Os fatos existem por si e devem ser reportados.
O TEXTO JORNALÍSTICO	Não há texto objetivo: a escolha das palavras indica posicionamentos.	Há uma diferença entre polissemia e distorção deliberada.
O CAMPO JORNALÍSTICO	As dinâmicas do campo jornalístico impedem o relato objetivo; o jornalista não está sozinho em sua prática.	A liberdade do jornalista é condição para a objetividade de seu trabalho.
A DIMENSÃO INTERSUBJETIVA/ RELACIONAL	A interpretação subjetiva do fato não impede a existência da matéria factual; o jornalista não manipula as informações segundo sua vontade ou seu entendimento da realidade.	A interpretação do fato deve considerar a inserção do jornalista em um contexto cultural e relacional, suas experiências e suas interações profissionais, pessoais e com os leitores.
A DIMENSÃO ESTRATÉGICA	Ignorar a subjetividade é uma manobra do campo para esconder seus limites e falhas.	A valorização da subjetividade diminui o compromisso do jornalista com o público.

Os autores dos livros analisados observam situações nas quais os alinhamentos políticos, a busca por escândalos, a criação de fatos e os interesses econômicos da empresa adquirem prioridade sobre os compromissos profissionais do jornalismo e de seus atores. Porém, perguntam se, nessas condições, o que se está fazendo é de fato "jornalismo".

Os livros se propõem a delimitar melhor essa atividade – que, por ter um aspecto comercial, não precisa necessariamente deixar de lado a ética. Em situações de distorção completa, o "jornalismo" desaparece, e com ele as regras e os compromissos do profissional. É de esperar que essas condições sejam a exceção, e não a regra.

De certa forma, o fato que torna a mídia importante, e sua discussão mais ainda, é que ela pode causar mudanças na realidade. O jornalismo, como atividade social, responde a uma demanda de informações relacionadas a questões de interesse público e do bem-estar coletivo. Demanda, aliás, que independe do jornalismo e existe muito antes dele.

"Em suma, muitas vezes não questionamos as afirmações ou sentenças dos comunicadores de massa porque, de antemão, já as consideramos válidas", diz Messiluce Hansen em *Esfera pública, democracia e jornalismo*. Além disso, prossegue, como as pessoas não podem checar diretamente o que é dito pelos jornais, resta apelar para a credibilidade da instituição.

Essas alterações não se limitam à necessidade pessoal de informação, a se vai chover ou a quem ganhou o jogo, mas chegam à dimensão pública desses fatos – por exemplo, quando a chuva se transforma em enchente por descaso do poder público ou quando a corrupção de cartolas prejudica o desempenho de um time.

A mudança provocada pela imprensa e, posteriormente, pelas mídias digitais deu-se na velocidade dessas demandas, alteração que transformou a própria concepção de tempo no Ocidente. Esse é um dos pressupostos examinados por Franciscato, que afirma: "O jornalismo é uma prática social voltada para a produção de relatos sobre eventos do tempo presente. Ao fazer isso, o jornalismo atua de forma privilegiada como reforço de uma temporalidade social, enquanto produtor de algumas formas específicas de sociabilidade".

Mas é preciso, de saída, não levar muito longe essa afirmação nem considerá-la uma regra: nem toda informação produz alterações, e a relevância de determinado dado não pode ser calculada com precisão. "Pensar em notícia", explica Franciscato mais adiante, "implica não observarmos apenas o produto de um processo de produção jornalística, mas um conteúdo inerente à condição humana. Devemos considerar que o ato de comunicar os eventos mais recentes para membros de uma comunidade tem origem em tempos longínquos da história humana".

O jornalismo deveria, nesse caso, cumprir a tarefa de suprir essa demanda de maneira rigorosa e correta. Aparentemente, isso desloca o foco do "bom jornalismo" de seu destino final, isto é, a leitura da notícia, e o coloca na produção consciente da notícia: em outras palavras, parece que o "bom jornalismo" estaria na realização ética da atividade, e não na determinação de seu conteúdo – apurar e escrever corretamente sobre o momento afetivo de uma subcelebridade, nesse caso, seria mais ético do que escrever levianamente sobre política?

Hansen, Guerra e Franciscato utilizam caminhos e abordagens diferentes e complementares, desafiam com muitas perguntas e poucas respostas fechadas, o que talvez seja a característica de um bom livro. Ao retomar temas como objetividade, ética e interesse, oferecem posições sólidas, das quais é possível discordar integralmente, mas não negar a relevância.

Em linhas gerais, os livros indicam um reposicionamento da discussão sobre objetividade na bibliografia recente sobre jornalismo. Não se trata de uma volta ao conceito clássico, amplamente criticado na literatura, mas de uma reapropriação do tema.

O exame das obras indica três elementos para refletir sobre a questão:

LUÍS MAURO SÁ MARTINO E ÂNGELA CRISTINA SALGUEIRO MARQUES

1. A objetividade é pensada no interior de uma teoria do jornalismo, e não em uma teoria do conhecimento ou na busca filosófica da verdade. Leva em conta as condições, possibilidades e contradições da prática jornalística, nas quais questões éticas e comerciais se encontram em permanente tensão.

2. Uma narrativa "objetiva" não se pretende "completa" ou "total": ao contrário, não esconde os processos de seleção dos elementos que a compõem – e, por isso mesmo, não é oposta, mas complementar à ideia de subjetividade.

3. Entende-se, segundo esse referencial, que um relato objetivo dos fatos é possível dentro do conhecimento das condições reais do fazer jornalístico.

Antes disso, porém, procura-se situar o que parece ser esse reposicionamento do discurso sobre objetividade em contraste com o pano de fundo de algumas das discussões sobre o tema. Não se trata de uma investigação exaustiva sobre a história da apropriação do conceito de objetividade no campo do jornalismo, algo que extrapolaria os limites deste capítulo, mas apenas de sublinhar a especificidade do discurso recente contrastando-o com discussões anteriores.

PARA PENSAR

BARROS FILHO, C. *Ética na comunicação.* São Paulo: Summus, 2008.
KOSOVSKI, E. (org.). *Ética na comunicação.* Rio de Janeiro: Mauad, 1995.

11. A ética da comunicação política: Aristóteles encontra Frank Underwood

"ESTOU A UM PASSO da presidência dos Estados Unidos sem ter recebido um único voto. A democracia é superestimada." Essa frase de Frank Underwood, protagonista de *House of Cards*, mostra sua relação sarcástica com a opinião pública. No início da segunda temporada da série, Underwood, até então um deputado da Carolina do Sul pelo Partido Democrata, vai lentamente subindo os degraus do poder rumo à presidência, deixando pelo caminho qualquer vestígio de ética ou respeito pelas regras do jogo democrático. Paradoxalmente, no entanto, ele alcança seus objetivos exatamente jogando as regras desse jogo.

A democracia é uma das formas de governo mais complexas. Os regimes autoritários, em comparação, são assustadoramente simples: uma liderança, seja um indivíduo ou um grupo, é responsável por todas as decisões. Isso é imposto a todas as outras pessoas por vários mecanismos de coerção. Quem não está alinhado com o governo é visto como suspeito ou, mais ainda, como inimigo. Sabe-se onde estão os donos do poder, os opositores – e, como no ditado popular, "manda quem pode, obedece quem tem juízo".

Por outro lado, para ser exercida, a democracia precisa lidar com várias questões aparentemente insolúveis que devem ser resolvidas cotidianamente no exercício da política. Para existir de fato, a democracia tem de, primeiramente, estabelecer uma série de definições, perguntas que em geral apenas levam a outras perguntas. Vale a pena, apenas para ter uma dimensão dos paradoxos com os quais se está lidando, começar com uma questão simples, aparentemente fundamental para toda democracia, como "quem deve votar?".

Essa questão remete a outras. Quem decide quem pode votar? Que critérios são usados para definir isso? Uma pessoa *pode* votar ou *deve* votar? Qual é a extensão do poder do voto? Se o povo assim quiser, um governante pode ficar décadas no poder ou devem-se respeitar os limites de uma Constituição? Mas, se democracia é a vontade do povo, faz sentido a Constituição passar por cima do que a população quer? No entanto, ignorar uma Constituição elaborada por representantes eleitos popularmente não é, por si só, desrespeitar a vontade do povo?

QUE DEMOCRACIA?

Como acontece com vários outros conceitos da filosofia, há na democracia uma distância considerável entre o nome e a instituição por ele designado. A própria palavra "democracia", quando traduzida ao pé da letra, passa por uma curiosa alteração de alguns de seus princípios. Costuma-se explicar que o termo vem do grego *demo*, que significa "povo", e de *kratos*, o poder. Democracia seria, portanto, o poder para o povo, o governo do povo. Infelizmente, no entanto, ao que parece os gregos não tinham uma ideia tão abrangente de democracia.

O problema é que as concepções modernas de "povo" e "poder político" estão muito distantes das que os gregos designavam para essas palavras.

O *demos* não era um equivalente exato da noção atual de "povo", entendida como uma vasta porção de pessoas. Ao contrário, tratava-se de uma concepção relativamente restrita: o "povo" era composto apenas dos indivíduos nascidos na cidade, adultos, homens e livres. Mulheres, estrangeiros, escravos, crianças e jovens estavam, por definição, excluídos do jogo – a família, ainda

ÉTICA, MÍDIA E COMUNICAÇÃO

que fizesse parte do *demos* por direito, estava vinculada ao espaço privado. A ideia do sufrágio universal certamente deixaria muitos gregos horrorizados. Daí a necessidade de certo cuidado ao imaginar que "democracia", em sua origem, tenha efetivamente o significado atual de "governo do povo".

Apesar dessas limitações, os gregos foram os primeiros a estabelecer uma separação fundamental que permitiu o surgimento da esfera política: a contraposição dos negócios privados, referentes ao lar – *oikos*, de *oikonomos*, a "administração do lar" –, ao espaço dos assuntos públicos, comuns, *koionos*, referentes à pólis, a *politeia*, arte de conduzir a pólis – de onde deriva "política". A língua inglesa conserva ainda essa distinção entre os campos de atuação da política ao separar a palavra, de acordo com o radical grego, em *politics*, nossa "política" no sentido amplo; *polity*, a administração dos assuntos referentes a espaços menores; e *policy*, a administração de sistemas menores.

A rigor, há vários entendimentos possíveis para o termo. Em seu livro *Modelos de democracia*, o cientista político britânico David Held enumera nada menos do que 12 modalidades diferentes de democracia. Ele mostra as mudanças na compreensão do conceito ao longo da história e também como, mesmo hoje em dia, não há consenso a respeito do que seja, efetivamente, democracia.

A pluralidade de definições de democracia e o prestígio que ela tem na teoria política e nas relações internacionais também não ajudam a formar uma ideia clara e precisa do que seja. Tal prestígio levou vários governos autoritários do século 20 a se intitular democráticos, aproveitando-se das conotações positivas que a palavra tem. Desse modo, um observador menos atento ficaria seriamente confuso ao verificar que regimes autocráticos se intitulavam "democracias", mesmo sem cumprir nenhum de seus requisitos básicos.

Afinal, o fato de o conceito ser fluido não quer dizer que não seja possível delimitar alguns pressupostos fundamentais, pertencentes a vários modelos contemporâneos. Ao contrário, mesmo diante dessa diversidade, parecem existir algumas condições muito bem definidas para que um regime, ou mesmo uma situação, possa ser chamado de "democrático".

LIBERDADE, IGUALDADE, FRATERNIDADE

A ideia de democracia, ao menos em sua origem grega, se contrapunha a dois outros modos de governar, divididos conforme o número de pessoas no exercício do poder, entendendo-se que o monopólio ou a divisão entre grupos ou pessoas poderia afetar o modo de condução dos negócios públicos. Foi, no entanto, o historiador romano Políbio quem sistematizou, em sua *História*, essa discussão sobre as formas de governo, estabelecendo os princípios básicos de divisão que continuam valendo até os dias atuais.

Assim, a *monarquia*, ou governo de um só, contrapunha-se à *aristocracia*, ou governo de vários, e ambas à *democracia*, o governo de todos. Cada uma dessas formas era pensada em termos de vantagens e desvantagens (veja o Quadro 4), mas consistiam, de todo modo, em uma forma específica de definir quem, entre os indivíduos, efetivamente participaria dos negócios públicos.

Tanto a monarquia quanto a aristocracia partem do princípio de que haveria sempre uma diferença entre os que governavam – seja um rei ou uma oligarquia – e os governados, isto é, o povo. A democracia é o único sistema no qual, ao menos em tese, governantes e governados são as mesmas pessoas – quem está no poder hoje não estará amanhã, voltando à sua condição de cidadão comum; qualquer cidadão, dentro das regras do jogo, pode chegar ao governo.

No entanto, esse princípio democrático só pode ser colocado em prática quando se parte do pressuposto de que todos os indivíduos são iguais, dotados das mesmas capacidades, tendo os mesmos direitos e obrigações. É o princípio da igualdade universal que coloca todos os indivíduos no mesmo plano. Assim, cada um pode se tornar governante, desde que a escolha seja feita pelos outros e não por um direito de nascimento. Na democracia, o indivíduo *se torna* governante ao vencer uma eleição pelas regras da política; não *nasce* governante apenas por sua família de origem.

UM CONTO DE DRUMMOND

O escritor Carlos Drummond de Andrade sintetizou alguns dos problemas da divisão do poder em um conto intitulado "Governar". Nele, um grupo de meninos decide brincar de governo e elege um deles, Martim, como presidente, e pedem-lhe que governe "para o bem de todos".

No entanto, imediatamente o presidente decide usar o cargo para benefício próprio, e começa a dar ordens: "Daqui por diante vocês farão meus exercícios escolares e eu assino. Clóvis e mais dois de vocês formarão a minha segurança. Januário será meu Ministro da Fazenda e pagará o meu lanche".

Questionado de onde esse dinheiro seria retirado, Martim não hesita em criar impostos: "Cada um de vocês contribuirá com um cruzeiro por dia para a caixinha do governo", diz. O grupo reclama, retrucando que o presidente deve ser um servidor do povo, mas obtém como resposta que o presidente não é igual aos presididos. "Se exigirem coisas de mim", diz Martim, "serão multados e perderão o direito de participar da minha comitiva nas festas". Drummond não deixa dúvidas sobre o futuro do governo: o presidente é deposto e a brincadeira termina com o fim da República.

DIREITOS DA NATUREZA HUMANA

A diferença, nesse aspecto, não é apenas uma concepção de sistema político, mas toda uma noção de "natureza humana". A ideia de "ser humano" que fundamenta os regimes democráticos é significativamente diferente daquela que mantém os outros. A democracia, em termos bem gerais, tem como fundamento uma concepção de ser humano que coloca todos os indivíduos no mesmo plano, sem fazer outras distinções além daquelas estipuladas pela própria pessoa no decorrer de sua vida.

Aos olhos do século 21 essa noção de igualdade de direitos garantida a todos os indivíduos no momento de seu nascimento pode tocar as raias do óbvio. Ninguém, em sã consciência, clamaria o direito de ser presidente da República simplesmente por ter nascido nesta ou naquela família. (Claro que nascer em uma família influente tende a auxiliar o indivíduo interessado na carreira política, mas isso já é outro assunto.) No entanto, a noção de "igualdade" entre todos os indivíduos é um princípio relativamente jovem dentro da política.

De maneira geral, até o século 18, a ideia de que as pessoas eram diferentes por conta de suas origens era bastante difundida. Deve-se notar, no entanto, a profundidade dessa noção: o entendimento comum parecia ser de que pessoas nascidas em classes sociais diferentes – um camponês e um aristocrata, por exemplo – eram diferentes *em essência*. Não só em termos de renda e estilo de vida, como se poderia pensar hoje, mas também em suas qualidades, como o intelecto, a moral e a dignidade. Um aristocrata nascia com as qualidades de aristocrata, o que lhe dava proeminência sobre o povo. Finalmente, o rei, tendo nascido nessa condição, entendia sua situação como um privilégio outorgado por Deus, o que lhe dava o direito de reinar. Assim, atentar contra o nobre ou tentar derrubar o rei era entendido não apenas como um problema político, mas como uma tentativa de desmontar a ordem divina das coisas.

TERRITÓRIOS DEMOCRÁTICOS

No livro *After the revolution?*, o cientista político norte-americano Robert Dahl afirma que, embora vivamos em uma democracia, muitas de nossas instituições não são – e talvez não possam ser – democráticas. Mas a democracia pode ser *imposta?* É legítimo obrigar um povo, acostumado com outro sistema de governo, a adotar à força o regime democrático? Se a democracia é um direito do ser humano, então seria legítimo usar de vários meios para derrubar uma ditadura. No entanto, se a democracia é uma criação cultural do Ocidente, até que ponto é adequada a outras culturas? Na prática, a resposta poderia justificar ou condenar, por exemplo, a imposição de regimes democráticos a povos de outras tradições culturais.

Essa situação, evidentemente, colocava de saída um entrave para a democracia. Como pensar em escolher os governantes se alguns, por direito de nascimento, são *naturalmente* destinados a mandar, enquanto outros, da mesma maneira, estavam destinados pela natureza a obedecer? Foi preciso esperar pelas mudanças políticas, econômicas e sociais do século 18 para que essa concepção fosse ultrapassada.

A noção de igualdade de direitos entre todos os indivíduos é uma conquista da Revolução Inglesa, responsável por diminuir consideravelmente o poder da aristocracia em benefício de uma ascendente burguesia – que logo faria a Revolução Industrial e colocaria a Inglaterra no topo do comércio mundial – e da Revolução Francesa – que, de maneira mais radical, aboliu os privilégios do direito de nascimento e colocou todos os indivíduos em uma nova categoria, o "cidadão", palavra usada, a partir daí, não apenas para designar o habitante das cidades, mas também aquele que tem direitos e deveres perante seus iguais.

Essa mudança na concepção de ser humano alterou profundamente o significado da política e abriu espaço para a consolidação da noção moderna de democracia como "governo de todos". Enquanto na monarquia e na aristocracia uma parte considerável da população estava excluída dos meandros do poder, na democracia essa situação parece ter sido, ao menos em tese, contornada.

Ao menos em tese porque mesmo na democracia o estabelecimento de quem são os "iguais" entre os iguais não é uma questão fechada. Ao contrário, o legado político imediato das duas revoluções mencionadas não foi a extensão da participação política a todos os indivíduos.

Vale lembrar que a Revolução Francesa foi responsável por uma "Declaração Universal dos Direitos do Homem e do Cidadão" e, embora a palavra "homem" possa ser interpretada como "humanidade", não deixa de ser significativo lembrar que ela está escrita no masculino. Na prática, demoraria até meados do século 20 para que as mulheres tivessem o direito de participar do jogo democrático – e certamente ainda há muito a ser feito nesse caso. Levamos um tempo considerável para deixar de lado a ideia de que "todos os homens são iguais" e para que fosse possível dizer que "todos os seres humanos são iguais" e, portanto, podem tomar parte na democracia.

AS REGRAS DO JOGO

Outro paradoxo da democracia diz respeito à obediência às regras do jogo democrático. O cientista político italiano Norberto Bobbio deixa isso claro na pergunta que intitula um dos capítulos de seu livro *O futuro da democracia*, "Governo dos homens ou governo das leis?": se a democracia é o governo exercido em nome do povo por indivíduos eleitos pelo povo, até que ponto deve-se respeitar a vontade dos eleitores mesmo quando isso significa afrontar as regras estabelecidas? Em outras palavras, quando a vontade do povo vai contra os princípios das leis e da Constituição, deve-se respeitar essa vontade em nome da democracia ou deve-se ignorar essa vontade em nome da mesma democracia?

Essa questão trabalha uma das zonas cinzentas da concepção de democracia: se por "democracia" entende-se que a vontade da maioria do povo, expressa nas pesquisas de opinião ou em plebiscitos, pode ser colocada acima da lei, nesse caso é legítimo alterar as normas para fazer valer essa vontade.

Em outra concepção, entende-se que "vontade do povo" e "democracia" são coisas correlatas mas não idênticas, então é preciso levar em conta outros fatores para tomar uma decisão. Nos dois casos, o paradoxo se manifesta: ao se respeitar a vontade da maioria, como fica o direito das minorias? Uma das críticas à democracia tem como alvo o que é identificado como "tirania da maioria". Esta pode fazer da democracia um regime particularmente opressor para quem, exercendo seu direito de não concordar, não compartilha as preferências da maior parte das pessoas – crítica, aliás, formulada anteriormente por Platão.

OPINIÃO E CONHECIMENTO

Aos olhos contemporâneos, é de admirar que um pensador do nível de Platão tenha sérias desconfianças a respeito da democracia. Afinal, seria razoável esperar que um filósofo responsável por uma parte considerável do pensamento ocidental fosse um defensor da democracia por conta das qualidades que, aos olhos contemporâneos, parecem evidentes.

O problema é que as coisas não eram de tal modo evidentes em sua época. A crítica de Platão tem como fundamento a ideia de que o melhor governo é aquele exercido pelas pessoas mais aptas a governar, com melhores condições intelectuais para decidir o que é bom para a cidade.

Deixar as decisões nas mãos de todos, em eleições livres, seria deixar os assuntos da *polis* nas mãos da opinião popular – e o povo, na visão do filósofo, teria como base para decidir apenas sua opinião, facilmente manipulável pela retórica dos políticos. A democracia, governo de todos, seria o reino da *opinião*, uma forma superficial e sem valor de conhecer as coisas. À simples opinião, *doxa*, contrapõe-se o conhecimento verdadeiro, baseado na razão e na lógica, a *episteme*. A democracia seria um regime pautado apenas na *doxa*, dado que o povo não é plenamente dotado dessa *episteme*. O bom governo seria o daqueles poucos indivíduos donos de uma razão aguçada, apta a compreender as situações a seu redor de modo lógico e racional e tomar as melhores decisões. Não por acaso, o melhor governo seria aquele dos sábios e dos filósofos – não por acaso, como o próprio Platão.

Um exemplo aconteceu no Rio Grande do Sul: o Conselho de Magistratura do Tribunal de Justiça mandou retirar crucifixos dos prédios do Judiciário. Dado que a maior parcela da população brasileira se diz cristã, tirar um símbolo do cristianismo (sem entrar nos detalhes do que isso representa para cada denominação religiosa) pode ser visto como um desrespeito à vontade da maioria. Ou, por outro lado, o respeito à ideia de um Estado laico e a todos os brasileiros que não são cristãos ou não veem no crucifixo um sinal de sua fé.

O fato de que algumas das mais problemáticas ditaduras do século 20 tenham chegado ao poder pela via do voto manteve vivo esse debate sobre os limites tênues entre a obediência à vontade da maioria e a proteção dos direitos das minorias que vivem em regimes democráticos. Atualmente, uma das questões fundamentais da democracia é conciliar o respeito às preferências da maior parte do povo, expressas pelo voto, e as particularidades das minorias que, mesmo não tendo a mesma fatia nas urnas, também têm garantido seu direito à existência – afinal, são igualmente cidadãos e, portanto, participam do processo democrático e colaboram na manutenção do próprio sistema.

ÉTICA, MÍDIA E COMUNICAÇÃO

QUADRO 4. As divisões clássicas do poder

	Proposição	Vantagens	Desvantagens	Limites ou divisões
GOVERNO DE UM SÓ (MONARQUIA)	O poder é exercido por um soberano, responsável ao mesmo tempo por criar as leis e executá-las. Sua vontade é o princípio e o fim do governo.	Decisões rápidas; execução imediata das medidas e possibilidade de solução das questões públicas sem burocracia.	Depende exclusivamente do caráter e da personalidade do governante. Alto risco de transformação em autocracia.	Nas monarquias absolutas, nenhuma divisão. Nas monarquias constitucionais, poder dividido entre soberano (Executivo) e parlamento (Legislativo). Na teoria clássica, o Judiciário não é independente.
GOVERNO DE ALGUNS (ARISTOCRACIA)	Divisão do poder entre vários indivíduos. A criação e a manutenção das leis ficam a seu cargo.	Governam os mais bem preparados. Discussão sobre decisões; pluralidade de visões e interesses.	Risco de degeneração em *oligarquia* (governo de poucos) ou *plutocracia* (governo dos ricos).	O poder deve ser limitado e dividido entre aqueles que o exercem. Liderança colegiada.
GOVERNO DE TODOS (DEMOCRACIA)	Participação, em potencial, de todos os cidadãos; a política é exercida por quem é objeto da política.	Todas as pessoas sujeitas ao poder político fazem (ou podem fazer) parte desse mesmo poder político.	Falta de preparação para as decisões sobre assuntos públicos; risco de manipulação pela retórica.	As diferentes atribuições do poder são confiadas a cidadãos ou grupos específicos, designados para cada uma das tarefas.

ÉTICAS DA MAIORIA, DIREITO DAS MINORIAS

O respeito às minorias, seu reconhecimento como atores participativos do processo democrático com os mesmos direitos e deveres de todos os outros é um dos fundamentos do sistema político moderno. E, assim como no passado, parece estar se consolidando

163

no contexto de uma alteração dos valores vigentes na sociedade e, portanto, novamente ligando uma concepção de "ser humano" ao fundamento da democracia.

Ao longo do século 20, movimentos de afirmação de direitos procuraram dar uma face política a elementos até então vistos como pertencentes exclusivamente à esfera pessoal – como questões de gênero, etnia, sexualidade, faixa etária e estilo de vida –, indicando que a conquista do direito de *ser* dessa ou daquela maneira e de *aparecer* assim no espaço público era uma questão política, na medida em que isso significava colocar uma forma de *representação* de si mesmo nas ruas que desafiava modelos consagrados como corretos e aceitos pela maioria.

O direito de ser como se é ganhou contornos políticos a partir dos anos 1960, alterando a concepção de democracia – pensada, no final do século 20 e início do 21, como um regime que deve, ao mesmo tempo, respeitar a vontade da maioria sem, com isso, prensar as minorias contra esses parâmetros.

Na prática, isso equivale a pensar, por exemplo, na eleição de representantes de grupos específicos que vão advogar suas causas dentro do sistema democrático.

O filme *Milk*, por exemplo, mostra a trajetória de Harvey Milk, ativista do movimento homossexual nos Estados Unidos que se elegeu vereador em São Francisco para defender, na Câmara, o direito de afirmar sua identidade no espaço público de maneira livre de constrangimentos – não deixa de ser uma das ironias negativas da história que ele tenha sido assassinado em virtude da defesa de suas posições no debate político.

Invenção moderna oriunda de uma ideia consolidada na Grécia antiga, a democracia não deixa de ser, em alguns casos, paradoxal e contraditória. Além disso, não é fácil implementá-la. No entanto, trata-se de um modelo de governo que, ao menos em tese, permite o envolvimento de todas as pessoas que pertencem a uma comunidade.

Ou podemos terminar rebatendo Frank Underwood com uma frase atribuída a Churchill: "A democracia é o pior sistema de governo, à exceção de todos os outros".

PARA IR MAIS LONGE

BOBBIO, N. *O futuro da democracia*. Rio de Janeiro: Paz e Terra, 2014.

MIGUEL, L. F. *Democracia e representação*. São Paulo: Ed. da Unesp, 2010.

MAIA, R.; GOMES, W. *Comunicação e democracia*. São Paulo: Paulus, 2009.

12. O direito de falar: a ética e a livre expressão

NAS DEMOCRACIAS, O DIREITO regula as relações entre pessoas e instituições. Relações estas baseadas em complexos princípios de comunicação muitas vezes invisíveis que, em geral, são ignorados pelas pessoas que estão ligadas a esse sistema. Na relação entre democracia, direito e comunicação existem pelo menos dois grandes tópicos que precisam ser discutidos de antemão para nos aprofundarmos no tema. Em primeiro lugar, devemos abordar o problema em sua expressão mais simples, isto é, na ética da comunicação nas interações do cotidiano. Em seguida, é preciso compreender o problema em sua extensão macro, analisando as relações entre a mídia e o espaço público.

A AUTORIDADE DO DISCURSO

Como recorda Pierre Bourdieu no livro *A economia das trocas linguísticas,* há certa ilusão cotidiana no que diz respeito à igualdade de condições para o exercício da comunicação. Em algumas situações, isso é relativamente fácil de notar: quando um cliente fala com o advogado, por exemplo, há uma desigualdade de saída entre ambos. A palavra do advogado é revestida da autoridade jurídica. Ela é construída socialmente pelo estabelecimento de uma fronteira simbólica entre quem tem um conhecimento – o jurídico, no caso – e aqueles que pretendem dispor desse conhecimento sem se apropriar dele.

Suas palavras são automaticamente revestidas de um valor específico, adquirindo autoridade pelo simples fato de virem de alguém investido da legitimidade para falar. Em outros termos, falar é sobretudo um ato de troca simbólica, um jogo no qual os participantes estão sempre em desigualdade de condições para jogar. Seria como chamar, para uma partida de futebol, um time de primeira divisão e um de segunda. Há um desnível permanente.

No entanto, mesmo em momentos informais, como no diálogo com um vendedor em uma loja, essa desigualdade também se manifesta em elementos menos perceptíveis, como o estilo da fala, o tom de voz, a roupa que ambos usam. Tudo isso indica, ainda que de maneira mais sutil, a posição social de ambos.

Embora o vendedor e o cliente, evidentemente, sejam iguais perante a lei, a situação social em que ambos se encontram cria de imediato um tipo de desigualdade: se o vendedor não for educado, o consumidor pode reclamar com o gerente ou supervisor; se o consumidor for rude com o vendedor, não há, a princípio, para quem reclamar. Essa desigualdade de relação se manifesta, sobretudo, na comunicação entre ambos.

Isso significa, entre outras coisas, que existem diferentes valores atribuídos a cada falante, a cada elemento comunicador. Essa diferença se revela na autoridade do discurso de cada parte e da obediência tácita existente entre eles.

A DESIGUALDADE NA PRODUÇÃO DO DISCURSO

O direito à comunicação, da mesma maneira, está desigualmente distribuído na sociedade, lembra Bourdieu. Estamos o tempo todo cercados por "discursos legítimos" e "ilegítimos", isto é, por quanto uma pessoa está – ou não – autorizada a falar sobre alguma coisa.

Em linhas gerais, quanto mais uma pessoa *pode* falar sobre algo, no sentido de ser reconhecida para tal, tanto mais seu discurso será considerado "legítimo": o diploma universitário, por exemplo, "autoriza" o indivíduo a falar sobre a área de sua especialidade. Sua fala ganha um valor maior, revestido de autoridade. Mas a questão do diploma é apenas um dos exemplos: em inúmeras circunstâncias, o direito à comunicação é dado não pelo que será dito, mas por quem está dizendo.

Curiosamente, estamos de tal maneira tão acostumados com isso que nem notamos que, muitas vezes, não queremos de fato *ouvir* o que a pessoa diz para então fazer algum tipo de julgamento crítico, mas apenas *ver* a pessoa dizendo. A situação de comunicação, nesses casos, parece perder algo de seu valor "comunicativo", no sentido de "compartilhar uma mensagem", e se torna parte de um ritual – e, como todo ritual, significa a existência de relações de poder.

O exemplo mais simples é o do técnico de futebol entrevistado após uma partida. Ao justificar uma derrota, por exemplo, ele utiliza toda a argumentação necessária para explicar ao público o que aconteceu. Na frente das câmeras, esmiúça o assunto com termos específicos e um vocabulário próprio. Em geral, não assistimos a esse tipo de entrevista esperando revelações inéditas; o mais importante é o fato de que é o técnico, ou algum jogador, que está falando.

O discurso, maneira específica de pensar ligada à expressão, existe de acordo com suas condições de produção. Logo, no momento em que o advogado fala, suas palavras vêm revestidas de um caráter quase cerimonial, reforçado pelo ambiente em que esse discurso tem lugar – no escritório, no tribunal, entre seus pares... Até mesmo o terno que ele usa ajuda a compor todo um conjunto de representações sociais criadas pelos próprios meios de comunicação sobre o profissional e inúmeras outras variáveis que poderíamos apresentar aqui – algo semelhante ao que acontece na fala do técnico de futebol.

Há, portanto, uma diferença entre o representante legítimo de um campo e seus interlocutores. O valor simbólico de cada fala, de cada discurso, é de tal maneira desigual que quando essa relação é quebrada – se um desafia, questiona ou desconfia do outro – o resultado é a indignação do profissional, geralmente seguida do cancelamento de todas as relações de trabalho. E o processo de circulação da mensagem reflete essa diferença entre a compreensão de ambos.

Na medida em que a linguagem está ligada ao que Bourdieu chama de *habitus* linguístico, é possível observar, em cada fala, a origem social de quem fala – e isso costuma ser também um julgamento de valor, peça importante no jogo simbólico e ético em uma conversa. A origem social imediatamente posiciona o autor de determinada frase em um espaço social particular, permitindo--lhe ser reconhecido por seus interlocutores.

A origem da desigualdade linguística entre pessoas com autoridades diferentes fica estabelecida mesmo quando essa origem não está explícita. Em um exemplo simples, é possível notar como alguns modos de fala regionais, os "sotaques", são mais ou menos valorizados no âmbito social. E isso costuma ser reforçado pela mídia: a título de exemplo, enquanto nos telejornais – espaço considerado sério e legítimo – há um tipo de sotaque considerado "neutro", sotaques regionais são geralmente usados em outras situações – como em programas humorísticos ou em telenovelas, com atores simplesmente imitando o que se imagina ser o "sotaque" de determinada região.

A pessoa destituída da fala legítima tem dificuldade de reverter as regras simbólicas do meio social As opções são participar do jogo ou retirar-se enquanto é tempo. Um personifica a oferta qualificada, enquanto tudo que sobra para o outro é a aceitação do discurso legítimo e, na mesma proporção, a possibilidade de compreender o cotidiano.

Ou, segundo o filósofo alemão Ludwig Wittgenstein, na proposição 5.6 de seu *Tratado lógico-filosófico*, "os limites de minha linguagem são os limites de meu mundo". O ato de comunicação é fundamental para o sucesso de outras ações cotidianas, na medida em que racionaliza as intenções, as possibilidades de interação e até mesmo a prática simbólica entre os indivíduos. A sofística, essa retórica criticada desde a Grécia clássica, nada mais é do que a elevação dessa prática à princípio moral – está certo quem tiver os melhores argumentos, e não quem tiver razão, ainda que a disputa seja sobre a cor do céu.

OS ESPAÇOS SOCIAIS DA LINGUAGEM

Um segundo aspecto, provavelmente mais grave, é a ampliação constante do espaço das mídias no campo político. Desde a metade do século 20, se não antes, mesmo em regimes democráticos, a lógica dos jogos de poder está cada vez mais ligada à da visibilidade adquirida por certos grupos e setores da sociedade que, de alguma maneira, encontram trânsito livre para chegar à mídia – o que parece ser suficiente, em alguns casos, para garantir a legitimidade de seu discurso.

A ilusão de proximidade existente no ambiente midiático, sobretudo nas mídias digitais, permite sua intervenção na constituição de representações, práticas, regras e procedimentos sociais transformados em "norma", não necessariamente por seu valor em si, mas em virtude do efeito numérico de sua divulgação – é como se um discurso tivesse mais valor quanto maior fosse o número de pessoas envolvidas nele.

Isso cria um curioso paradoxo no direito: nas práticas sociais, no lugar da regra jurídica, é comum uma espécie de simulacro da regra, criado pela oportunidade que a mídia tem de, pela amplitude de ressonância, transformar o que diz em verdade – uma verdade legitimada pelas telas onde ela aparece. Tal dialética interfere na ética da formação da opinião pública, transformando a quantidade em qualidade, a parte no todo e a suspeita em evidência.

Uma vez que existe, evidentemente, uma diferença de propósito entre o discurso jurídico e o discurso da mídia, não se poderia esperar outro desenvolvimento.

No caso, por exemplo, da cobertura de um acontecimento que envolve questões jurídicas – como um crime e sua investigação –, a mídia muitas vezes emite julgamentos que cabem ao direito, mas que podem encontrar uma ressonância maior do que a própria verdade jurídica devido à possibilidade de divulgação, sobretudo on-line, para um número de pessoas que jamais teria – ou poderia ter – contato direto com os procedimentos jurídicos para compreender o que aconteceu. Infelizmente, os exemplos reais são muito frequentes, e qualquer um ficaria datado entre a escrita deste capítulo e a publicação do livro.

Não seria exagero, em certa medida, entender que o julgamento midiático pode se colocar no lugar do direito no imaginário. Definir os heróis e os vilões do momento, os procedimentos corretos e incorretos e outros elementos que deveriam obedecer a uma lógica jurídica decorre da capacidade que a mídia tem de criar a realidade aparentemente "objetiva" na medida em que fornece a um grande número de cidadãos o conhecimento de fatos, pessoas e ações – e, nesse ponto, as mídias digitais parecem seguir uma lógica muito semelhante à das tradicionais. Com um detalhe a mais: a possibilidade de reprodução, sem a necessária reflexão, de opiniões, julgamentos e estereótipos.

COMUNICAÇÃO NO ESPAÇO PÚBLICO

Em termos sociais, seria possível dizer que as pessoas existem na medida em que estão vinculadas a algum tipo de relacionamento. Uma primeira forma de marginalidade é justamente não pertencer a lugar nenhum. O indivíduo que vive à margem da sociedade é exatamente aquele desprovido de referências para identificação, isto é, de vínculos com os quais possa garantir a própria existência. Dessa maneira, as ações sociais se distinguem de acordo com o tipo de relação existente em cada situação.

A consciência das relações sociais é, todavia, limitada no espaço e no tempo: é impossível, mesmo para os mais antenados, entender completamente o mundo que nos cerca. Nosso conhecimento da realidade é em grande parte condicionado pelo acesso às informações, recorda Alfred Schutz no texto "The well informed citizen" (O cidadão bem informado). No ambiente das mídias digitais, isso muitas vezes significa estar atento ao que é veiculado pelas redes, visto em sites e reproduzido em outros espaços midiáticos. Em alguns casos, a única voz de autoridade reconhecida é a própria mídia, revestida de um efeito de realidade, um "efeito de real" – expressão de Roland Barthes – obtido pela imagem.

Em geral, como cidadãs e cidadãos, raramente temos acesso às instâncias de decisão e poder. Todavia, somos todos afetados, em maior ou menor escala, por tudo que é decidido nesses lugares. Para saber, por exemplo, sobre uma nova restrição ao fumo ou uma nova lei sobre a colocação de carpetes antialérgicos em veículos, a fonte de informação mais rápida é a mídia. Ao conferir à mídia o estatuto de fonte confiável de informação, o indivíduo se vincula ao *ponto de vista* midiático para ver o mundo.

Isso vale também, e talvez com mais força, para o ambiente das mídias digitais. Quando a internet foi liberada comercialmente, em 1995, esperava-se que essa situação mudasse: o acesso mais rápido e quase ilimitado à informação permitiria que novas fontes fossem consultadas e, com isso, cada um pudesse formar criticamente suas opiniões.

No entanto, ao que tudo indica, a dependência de algumas fontes de informação continua, mesmo no ambiente digital – e boa parte da circulação de notícias se restringe à reprodução do que está escrito em portais, sites, blogues e redes jornalísticas –, e a expectativa da construção de novas formas de cidadania pelo acesso à informação on-line parece ainda não ter acontecido.

Por quê? Em virtude da ilusão de que um aumento quantitativo implique, necessariamente, uma mudança na qualidade da informação.

Quanto maior o contato entre o cidadão e a mídia, maior sua quantidade aparente de informação. "Aparente" no sentido de que a mídia efetua o tempo todo uma escolha do que de fato deve aparecer no noticiário e do que fica para trás. Em outras palavras, de uma realidade social composta de N fatos, a mídia, seja ela tradicional ou digital, necessariamente seleciona N_1 para divulgar, em um processo conhecido, no jornalismo, como *newsmaking* e, nos espaços digitais, como *curadoria*.

A MÍDIA COMO SIMULACRO DO JURÍDICO

Isso pode ser visto de maneira mais direta quando a mídia, em alguns programas de caráter jornalístico, opta por oferecer ao público o espetáculo do julgamento, da condenação e da sentença de alguém. Há um desvio de atividade quando, escondida sob a marca do "jornalismo verdade", a mídia transforma o espaço televisivo em um circo de horrores. É o reino do *fait divers*, como define Roland Barthes.

Sob a alegação de "defender o público", aparecem de tempos em tempos profissionais aparentemente dispostos a expor os problemas da população e tomar partido em questões para as quais não estão habilitados a falar, exceto em uma forma muito primitiva de justiça.

Há inúmeros exemplos para ilustrar a questão. Os programas popularescos destinados a exibir o estranho, às vezes acompanhados de notícias policiais, deliciam o público pelo insólito das notícias apresentadas e pela sensação de proximidade entre os casos e o cotidiano. Programas desse tipo mantêm grande parte de seu apelo popular no uso de estratégias jurídicas para a encenação de situações peculiares.

De tempos em tempos, programas de televisão exibem quadros nos quais uma câmera escondida acompanha um repórter, disfarçado de cliente, à procura de algum bem ou serviço, e, quando algo é flagrado, a denúncia é feita. No ambiente digital, o compartilhamento de vídeos e imagens segue o mesmo procedimento de denúncia, livre, apenas, dos procedimentos editoriais da chamada "grande mídia".

O resultado, no entanto, é parecido com a caracterização imediata dos bons e dos maus, o julgamento sem direito a defesa e diante de um juiz institucional infinitamente mais poderoso do que qualquer cidadão – o próprio cidadão, no ambiente das mídias digitais. Os direitos de resposta, quando existem, raramente têm a mesma repercussão do material apresentado.

As relações entre o direito e a comunicação acontecem em dois momentos distintos. Seja na criação e avaliação de um discurso, no qual a comunicação mostra a posição relativa do profissional do direito, seja na estruturação da esfera pública, as capacidades de trabalho são rigorosamente as mesmas. Saber falar, compreender o que se fala e o significado dessa própria fala, bem como os efeitos sociais de determinada comunicação, é fundamental para compreender o desenvolvimento das formas jurídicas de uma comunidade.

Todos são iguais perante a lei, mas ninguém é suficientemente igual perante a mídia.

PARA SABER UM POUCO MAIS

FOUCAULT, M. *Ditos e escritos IX*. Rio de Janeiro: Forense, 2010.
HABERMAS, J. *Para a reconstrução do materialismo histórico*. São Paulo: Brasiliense, 1990.

13. Como a ética sobrevive diante dos interesses?

WALTER WHITE TINHA UM futuro brilhante. Quando jovem, suas pesquisas na área de Química contribuíram para a conquista do Prêmio Nobel, e a companhia que fundou, Gray Matter, se tornou um sucesso. Para Walter, no entanto, isso não rendeu muito: ele deixou a empresa antes que ela se tornasse importante.

É assim que encontramos o protagonista no início da série *Breaking Bad*: aos 50 anos, como professor de Química do ensino médio na cidade Albuquerque, interior dos Estados Unidos. Sua situação financeira é complicada: para tentar equilibrar as finanças, além da sala de aula, trabalha em um lava-rápido. Sua mulher, Skyler, está grávida do segundo filho do casal – o primeiro, Walter Jr., tem paralisia cerebral.

Quando Walter descobre que está doente e tem, no máximo, mais dois anos de vida, decide garantir a qualquer preço o futuro de sua família. E, para isso, com a ajuda de um ex-aluno, Jesse Pinkman, começa a fabricar e vender metanfetamina, substância ilegal e extremamente rentável.

A questão é imediata: vale qualquer coisa em nome do futuro de sua família? E, ao longo da série, outra pergunta parece se delinear: o ato de White é mesmo desinteressado? A partir de determinado momento, fica difícil saber até que ponto suas atitudes visam ao bem de seus familiares ou se ele simplesmente está gostando de, pela primeira vez na vida, ter o controle da situação.

É possível a existência de um ato desinteressado, ético, ou a ideia de "ética", na prática, é apenas uma maneira de disfarçar interesses mais ou menos escondidos? Essa pergunta é central para compreender o que o sociólogo francês Pierre Bourdieu entende por ética no âmbito da comunicação.

Em geral, a ética da comunicação, entendida como ética do discurso, parte do pressuposto de que é possível que indivíduos diferentes discutam, como iguais, questões de interesse coletivo. A ideia básica é que cada pessoa é livre e capaz de formular, expressar e negociar, em pé de igualdade, seus interesses e necessidades.

No entanto, até que ponto as desigualdades sociais, de gênero, classe e etnia, por exemplo, criam sérios problemas para a existência de um debate inclusivo, igualitário e racional?

Nesse ponto, a ideia de uma ética da comunicação parece chegar a um impasse: como manter uma relação ética com outras pessoas e defender meus interesses? Existiria, de fato, uma situação de debate "inclusivo, igualitário e racional" ou, na prática, o que há são estratégias para vencer a qualquer custo?

Uma resposta a esse dilema foi elaborada por Bourdieu. Embora ele nunca tenha escrito um livro específico sobre ética, várias de suas análises sobre linguagem e comunicação nos ajudam a pensar como é possível – se é que é – ter alguma ética em situações nas quais estão em jogo alguns de nossos principais interesses.

E, de saída, a resposta de Bourdieu talvez não seja a mais bonita: para ele, o respeito a princípios éticos não é uma decisão individual racional e livre; na prática, *só somos éticos quando somos obrigados a isso.*

Isso coloca outro problema grave: se, como vimos em outros capítulos, uma ação só é ética quando é praticada livremente, como alguém pode ser "obrigado" a ser ético? Sem escolha não existe ética, correto? A explicação de Bourdieu é que, em nossa vida cotidiana, respeitamos as regras éticas por obrigação, mas não sabemos que somos obrigados: é parte de nossos costumes, das práticas que aprendemos ao longo da vida – em outras palavras, de nosso *habitus*.

Em linhas gerais, Bourdieu define *habitus* como o princípio gerador de nossos gostos, práticas, sensações e percepções, adquirido ao longo de nossa trajetória social. O *habitus* é uma espécie de "maestro invisível" que rege, sem que percebamos, todas as nossas ações cotidianas – o que achamos bonito ou feio, o jeito como falamos, o que entendemos por "certo" ou "errado" e, em especial, o modo como agimos em relação aos outros –; nossa ética, portanto, está ligada ao nosso *habitus*.

Por que *habitus*, em latim, e não simplesmente "hábito"? A diferença é sutil: enquanto nossos "hábitos", no cotidiano, podem ser facilmente percebidos e identificados, o *habitus* é um elemento mais profundo: ele organiza nossas ações e as adapta a cada nova situação. Enquanto os "hábitos" são relativamente fixos e difíceis de mudar, o *habitus*, ao contrário, é extremamente flexível, e nos ensina o que fazer diante de cada situação. Enquanto o "hábito" é uma prática fixa, o *habitus* é um *princípio gerador de práticas*, adquirido ao longo de nossa trajetória social.

De maneira geral, o *habitus* é um sistema de orientação para que os indivíduos façam suas escolhas. Ele não determina, mas ajuda a escolher. Faz que os membros de um mesmo grupo social compartilhem princípios e definições acerca da realidade social. Dito de outro modo, o *habitus* refere-se a uma série de disposições – isto é, "leva-me a fazer" – que antecedem qualquer reflexão sobre nossas atitudes em todas as esferas da experiência.

A ideia de "trajetória social" novamente se liga aos problemas da ética: não se trata de nossa "vida", mas de nossa relação com as outras pessoas. Nosso *habitus*, nesse sentido, é fruto de nossas vivências e experiências. Cada nova relação com alguém, ou cada nova situação vivida, acrescenta algo ao nosso *habitus*, capacitando-nos a agir em situações semelhantes.

Em meu primeiro dia em uma empresa nova, ainda não conheço as características dos colegas, a cultura do lugar, se é certo ou não atender ao celular durante o trabalho ou sair para tomar um café. No entanto, ao mesmo tempo, não estou completamente despreparado: embora nunca tenha tido um primeiro dia *naquela empresa*, já tive alguns "primeiros dias de emprego". Essa experiência anterior, incorporada ao meu *habitus*, me diz o que fazer na situação nova – que, por sua vez, vai se agregar ao meu *habitus*, ampliando-o. Mesmo que eu esteja entrando em meu primeiro emprego, o *habitus* vai buscar em situações semelhantes já vividas – digamos, os muitos "primeiros dias de aula" que já tive – os elementos equivalentes para me dizer, sem que eu perceba, como agir.

O *habitus* está sempre em movimento: ao mesmo tempo que diz como agir, aprende a cada nova ação. Essa característica faz do *habitus* algo dinâmico, jamais determinista nem estático. Nas interações com os outros, meu *habitus* indica como e o que dizer, como agir, como tratar as pessoas.

Em minha trajetória social, começando por minha vida familiar, fui aprendendo aos poucos a me reconhecer, a definir quem sou e, mais importante, a entender quem são os outros e como agir em relação a eles.

Na prática, isso se traduz, por exemplo, no impulso de cumprimentar determinadas pessoas e não outras: "sei" – na verdade, meu *habitus* sabe – quem deve ser cumprimentado e quem deve ser ignorado na rua. Mais ainda, sei *o que, como* e *com quem* falar em cada momento.

Essas atitudes podem ser tanto inclusivas como excludentes e, em alguns casos, discriminatórias: tudo depende de como fui, ao longo da vida, incorporando tudo aquilo que vivenciei – em outras palavras, como lidei com aquilo que tive a oportunidade de aprender.

Isso não significa, de maneira nenhuma, que minha origem *determine* o que sou: tenho a liberdade de escolher *o que* quero viver e, principalmente, *como* vou lidar com determinadas experiências. Posso ter sido criado em um ambiente discriminatório e, no entanto, me sentir mal com isso. Afinal, o *habitus* nunca é fruto de uma *única* fonte, mas do modo como recebo e entendo *todas* as partes do meu ambiente – daí que seria difícil falar em qualquer tipo de "determinismo".

No entanto, como recorda Bourdieu, é complicado "desaprender" uma prática. Uma vez interiorizadas e tornadas parte do nosso *habitus*, determinadas ações tornam-se automáticas e deixamos de pensar nelas antes de executá-las.

Não por acaso, Bourdieu define o *habitus* como um "automatismo do pensamento" ou um "reflexo mental", em clara comparação com os reflexos do corpo: o *habitus* me faz agir automaticamente, sem que eu tenha consciência exata de como ou por que estou fazendo isso.

O *habitus* só é percebido quando, por algum motivo, algo lhe chama a atenção. Provavelmente você não prestou muita atenção ao virar as páginas deste livro: trata-se de uma ação automática, aprendida há anos e praticamente sem segredos ou novidades a cada repetição (é possível que, neste momento, você se dê conta disso).

Bourdieu entende a ética como parte do *habitus* de uma pessoa, estabelecido previamente também no que diz respeito às ações da linguagem.

Mas há um segundo componente, talvez mais importante: a ideia de ética é constantemente desafiada pelo que podemos chamar de *efeito de campo*. Campo, na definição de Bourdieu, é um espaço estruturado de relações no qual agentes em disputa buscam atingir a hegemonia perante os demais. Em outras palavras, campo é o espaço abstrato formado por "agentes" – isto é, indivíduos, grupos e instituições – que estão em disputa por um tipo de prêmio simbólico: a hegemonia.

O "campo da publicidade", por exemplo, é formado ao mesmo tempo pelas agências, pelos órgãos reguladores e, individualmente, por publicitárias e publicitários, *trainees* e estagiários – e também pelos estudantes, em outra escala. Eles são os "agentes" do campo. Em um campo qualquer, existem posições de maior ou

LUÍS MAURO SÁ MARTINO E ÂNGELA CRISTINA SALGUEIRO MARQUES

menor prestígio – do iniciante, que começa a trabalhar em uma agência pequena, aos maiores profissionais, disputados pelas melhores agências. O que acontece dentro de qualquer campo é uma *luta* pelas posições mais importantes. No entanto, cada campo define quais são as ações corretas dentro dessa luta, o que favorece ou não o prestígio de alguém, quais são as estratégias para vencer. No campo do jornalismo, por exemplo, a qualidade do texto ou os melhores contatos com fontes estão entre as estratégias que ajudam o profissional a crescer não só em sua empresa, mas em todo o campo – o que acontece quando ele passa a *ser reconhecido pelos colegas*.

Para Bourdieu, cada indivíduo age e usa a linguagem seguindo diretrizes e lógicas de determinado campo, visando obter um ganho simbólico e reforçando os princípios que guiam suas escolhas particulares.

O campo, portanto, é um espaço de *conflito*, e isso imediatamente suscita uma questão: como é possível ter ética em uma situação de disputa cotidiana? E, sobretudo, nos momentos em que uma questão de mercado – às vezes, de sobrevivência da empresa ou do emprego de alguém – exige todo tipo de ação, como falar em ética?

A resposta de Bourdieu é indicar que cada campo parece ter ética própria, definindo o que é certo e errado em relação às disputas, mas sem, de maneira nenhuma, negar que o princípio de qualquer atitude, dentro de um campo, não é respeitar determinada "ética", mas simplesmente obter o que se busca.

No jornalismo, conseguir informações exclusivas é uma estratégia bem-vinda para superar a concorrência; a publicação de notícias falsas, no entanto, mesmo que traga um efeito imediato – como picos de visualização em um site –, tende a comprometer o reconhecimento diante do público e dos colegas. No campo das relações públicas, por exemplo, o sucesso no gerenciamento de uma crise de imagem aumenta o reconhecimento da equipe perante seus superiores e, sobretudo, diante dos pares – esse reco-

ÉTICA, MÍDIA E COMUNICAÇÃO

nhecimento – e o prestígio daí advindo – é uma das formas do que Bourdieu denomina "capital simbólico".

A ética de cada campo pode ser vista também na maneira como os participantes, sejam pessoas ou instituições, agem em seu cotidiano – não só na prática profissional, mas também em outros aspectos da vida dos participantes.

O modo de falar e vestir, por exemplo, tende a ser influenciado pelo campo onde se está – a forma como jornalistas e advogados se vestem, por exemplo, costuma ser bem diferente. Conforme adentramos determinado campo, tendemos a adquirir as características ligadas a ele. Aos poucos, por exemplo, percebemos de quais músicas se pode/deve gostar e quais devem ser deixadas de lado. Isso não acontece, evidentemente, de maneira direta. Ninguém recebe, no primeiro ano de um curso de Comunicação, uma cartilha dizendo que determinado músico é "ruim", enquanto outro é "legal". É a partir das vivências cotidianas, nas pequenas relações sociais que se nota isso – por exemplo, no olhar de reprovação que se recebe quando, em um campo considerado "intelectual", alguém revela que adora romances *best-seller*.

Dessa maneira, quando estamos em um campo, aprendemos também como nos comportar nele, incorporando isso ao nosso *habitus*. A ética da comunicação, para Bourdieu, não pode ser pensada em termos gerais, mas apenas quando se leva em conta as condições reais de trabalho e ação nesse campo. Não por acaso, isso se manifesta com força redobrada na linguagem.

ÉTICA, LINGUAGEM E DISCURSO

Como vimos no capítulo anterior, Bourdieu dedicou ao tema linguagem vários escritos e pelo menos um livro, *Ce que parler veut dire* (O que falar quer dizer), reelaborado anos mais tarde sob o título *Language et pouvoir symbolique* (publicado no Brasil sob o título *A economia das trocas linguísticas*), além de textos esparsos reunidos posteriormente em *Questões de sociologia* e em *Coisas ditas*. Seu objetivo, mais do que definir um conjunto de normas, era entender as condições práticas de uso da linguagem na sociedade – daí a preocupação com uma ética da linguagem. O que define a ética do discurso, para Bourdieu, está, paradoxalmente, dentro e fora do discurso. Ou, melhor dizendo, nas relações do discurso com as condições sociais ao seu redor. A validade de um discurso, em sua ótica, é determinada por uma relação bastante complexa entre ele e o campo ou espaço social no qual está inserido.

A validade de um discurso, aponta Bourdieu, não pode ser separada do prestígio de quem fala.

Em primeiro lugar, o *valor do discurso* está ligado diretamente ao *valor de quem fala*. Uma palestra de um publicitário premiado no Brasil e no exterior é "ótima" antes mesmo de começar: o "capital simbólico" do palestrante faz a palestra, *automaticamente*, ser vista como boa. Se, por acaso, ele não puder vir e enviar um estagiário para ler o mesmo texto, a atitude da plateia tenderá a ser bem diferente.

Isso não significa, ao mesmo tempo, que o publicitário do exemplo possa dizer o que quiser. Ao contrário, espera-se algum tipo de coerência entre seus prêmios, suas ideias e sua trajetória. Por isso mesmo, o valor de uma fala não se resume ao valor de quem fala, mas está ligado também à *lógica interna* desse discurso.

A relação, nesse ponto, fica paradoxal: o que garante a qualidade de uma palestra é o fato de que o publicitário é premiado, o que torna o *palestrante mais importante do que a palestra*. Ao mesmo tempo, o que é dito na apresentação certamente vai ao encontro do que outros publicitários imaginam como "certo" – ou, pelo menos, crível e digno de ser discutido.

Se a ética existe na livre escolha das pessoas, qual é a possibilidade de uma escolha ser ética quando lembramos de nossos vínculos – pessoais e institucionais – com as relações de poder?

ÉTICA, MÍDIA E COMUNICAÇÃO

"Estratégia", "poder" e "interesse" são palavras que o senso comum costuma colocar bem longe de "ética". Como então falar de uma ética da comunicação tomando Bourdieu como base? Para responder a essa questão, é preciso entender melhor a relação entre campo, *habitus* e comunicação.

O MODO DE FALAR E A ÉTICA COTIDIANA

Qualquer coisa que dizemos, da mais simples à mais complexa, é sempre dita *a alguém* dentro de *um contexto*. Assim, a cada frase, calculamos inconscientemente *como* devemos falar, levando em consideração *para quem* estamos falando e *em que situação* o fazemos. Esse cálculo é automático: como vimos, ele faz parte do que Bourdieu entende como o *habitus* linguístico de alguém.

O *habitus* linguístico não é o que geralmente chamaríamos de "modo de falar", mas é o princípio que nos diz, em cada situação, qual é o melhor "modo de falar" entre aqueles que conhecemos. Ao fazermos uma pergunta ao cobrador do ônibus, automaticamente escolhemos o melhor tipo de linguagem para a ocasião – "Por favor, este ônibus passa na Pampulha?", e não "Diga-me imediatamente se este ônibus passa na Pampulha!"

O *habitus*, nesse sentido, rege a interação comunicativa com os outros, mostrando a melhor maneira de falar dentro de um campo ou, em linhas gerais, em qualquer interação. Não é possível, para a pessoa familiarizada com o espaço social ou o campo no qual vai dizer alguma coisa, não usar a linguagem desse campo, uma espécie de *ethos* – no sentido do grego antigo.

No campo jornalístico, por exemplo, os jornalistas inevitavelmente falam "como jornalistas". Isso pode parecer óbvio, mas, do ponto de vista interno, tende a criar problemas: jornalistas nem sempre estão cientes do fato de que falam "como jornalistas" pois, aos seus próprios olhos, falam "normalmente", como "qualquer pessoa". Essa ação automática, aparentemente sem causa, é o *habitus* em ação. Ao pertencer a um campo, sei quais são suas regras porque elas foram – e continuam sendo – incorporadas ao meu *habitus*.

Em outras palavras, ao entrar em um campo, o indivíduo assume o *ethos* – entendido como o "hábito", o "costume", o "modo de ser" – desse campo. E começa, em termos de ética, a pensar segundo a ética daquele campo. No caso da ética da comunicação, é preciso lembrar-se de uma dualidade – a "ética *da* comunicação" e a "ética *do campo* da comunicação" –, especificamente, de cada campo profissional.

Qualquer uso do discurso contrário a esse *ethos* e, portanto, que rompe com uma ética de uso da linguagem tenderia a ser reconhecido por quem conversa como algo estranho. E não é para menos: o modo como falamos está ligado ao *habitus* linguístico. As regras éticas do uso da linguagem estão incorporadas e tendem a definir o reconhecimento, pelo próprio falante, das características de sua comunicação.

Nesse ponto, todo discurso é "ético" dentro dos limites do *ethos* consagrado de seu campo. A pergunta, no caso, é: entre as pessoas e instituições participantes desse campo, quem definiu esse *ethos* como correto e não outro? Apenas a história de cada campo pode dar respostas a essa questão.

Se, de um lado, como dito, o valor de um discurso não pode ser atribuído apenas às condições sociais que o cercam, por outro lado vale ressaltar que sua validade está ligada às condições de sua formulação. O argumento aqui é circular: um discurso é eticamente válido porque é produzido de acordo com as regras que garantem sua validade.

No entanto, na dinâmica do *habitus*, é fundamental perceber o que o outro está dizendo para responder, sempre que possível, no mesmo estilo – em outras palavras, para jogar segundo a ética de um "mercado linguístico", responsável por definir os padrões de uma ética.

Isso inibe, em um campo, a presença de qualquer discurso que seja incompatível com o *ethos* esperado. Um executivo que, em uma reunião na empresa, começa a chorar compulsivamente porque sua sugestão não foi aprovada imediatamente verá seu capital simbólico diminuir a níveis mínimos – não é esse o *ethos*, o "modo de ser" comunicacional dessa situação.

VOCÊ SABE COM QUEM ESTÁ FALANDO?

Cada campo, como vimos, tem ética própria, que pode ser vista especialmente na ética da comunicação. Mas nem todas as nossas interações acontecem em campos sociais. No cotidiano, as conversas informais com outras pessoas também estão ligadas a uma ética da comunicação, mesmo quando não nos damos conta disso.

Nosso *habitus*, como vimos, ajuda-nos a avaliar uma situação de maneira quase automática, dizendo-nos, em seguida, como agir nesse contexto. Isso vale com especial força para nossas relações sociais: ao conversar com alguém, meu *habitus* vai me dizer imediatamente *com quem estou falando*. Mesmo que esteja vendo a pessoa pela primeira vez, meu *habitus* vai me recordar de situações de conversa com indivíduos semelhantes e, a partir daí, farei automaticamente um *julgamento de valor* – e estamos novamente no domínio da ética.

Em qualquer conversa, há um *reconhecimento mútuo* entre os falantes: cada um sabe, ou ao menos pode supor com razoável grau de acerto, com quem está falando. Isso permite a ambos definir, de maneira quase automática, como devem tratar o outro e como esperam ser tratados. (O reforço da autoridade na expressão "Você sabe com quem está falando?", como indica o antropólogo Roberto DaMatta, é típico de uma sociedade na qual as relações de poder precisam ser mantidas e relembradas.)

As interações linguísticas, para Bourdieu, acontecem não apenas como uma troca de ideias e conceitos entre interlocutores; há inúmeros elementos sociais presentes no diálogo. A conversação é vista como uma ação social levada a efeito por sujeitos históricos constituídos dentro de um campo.

No Brasil, como vimos em outro capítulo, chamar alguém de "doutor" tem que ver muito mais com a posição social do que propriamente com o fato de a pessoa ter doutorado. "Doutor", mais do que um título acadêmico, é uma expressão de autoridade que mostra uma assimetria entre quem chama e quem é assim chamado.

Quando começamos a falar, as palavras que usamos, nosso vocabulário, nossa gramática e nosso estilo mostram imediatamente qual foi, e ainda é, nosso grau de acesso à chamada "língua legítima", isto é, a variação da língua portuguesa considerada "correta", "erudita", da "norma culta" ou qualquer expressão equivalente. Nos termos de Bourdieu, ao falar, revelamos nosso *capital linguístico*. Em geral, quanto mais próxima a fala de uma pessoa está da "norma culta", maior seu capital linguístico: afinal, sua fala está perto daquilo que é considerado "correto" e, portanto, daquilo que é visto como "certo" em uma sociedade.

Ao mesmo tempo, modalidades menos "corretas" de uma língua, como a gíria, costumam ser excluídas dos espaços sociais considerados importantes. Ninguém espera que a apresentadora de um telejornal visto como sério, transmitido em horário nobre, abra uma edição dizendo "Aê, a situação tá mó enrolada, mó complicada, um bagaço só".

Como o ato de aprender a falar também é uma questão social, a proximidade de alguém em relação à "norma culta" costuma ser um indício de sua posição social: quanto mais uma pessoa "fala bem", melhor seu lugar na sociedade. Claro que isso não é uma regra, mas uma tendência que pode ser vista a partir do *habitus* de cada pessoa.

Isso nos leva a outra questão ética, talvez menos visível: a reprodução, na linguagem, das diferenças de poder e posição que existem no cotidiano.

Em termos históricos e sociais, a própria noção de "norma culta" é questionável do ponto de vista de Bourdieu: quem define a "norma culta", se a língua é algo vivo, em constante mudança? E mais: quem fala de maneira semelhante ao que a "norma culta" manda? Não seria a "norma culta" uma maneira de distinguir as pessoas umas das outras com base em seu capital linguístico? Parece existir, nesse sentido, um elemento que vai além da própria comunicação, mas está diretamente relacionado a ela – o poder. A linguagem de um indivíduo revela também até que ponto ele está perto do poder: afinal, a aquisição da "língua legítima" custa dinheiro – estudar em bons colégios, no mínimo.

UMA AÇÃO DESINTERESSADA?

Se considerarmos um campo de disputa de hegemonia e lucro simbólico, haveria pouco espaço para a ética, diz Bourdieu. Aliás, na sua perspectiva, o interesse, e não a ética, é o fundamento das ações – a ética seria, no máximo, um discurso para a obtenção de um lucro simbólico no campo. Não existe, nessa ótica, ato desinteressado. Portanto, se entendemos "ética" como ato desinteressado, tampouco existiria a possibilidade de uma ética, apenas de interesse.

Esse interesse, por outro lado, é ao mesmo tempo constituído e disfarçado (e essa ambiguidade é proposital) nas normas de qualquer campo por conta do lucro simbólico que proporciona aos participantes. Quanto mais se está provido do *habitus* que aproxima a conduta de uma pessoa do *ethos* pelo campo, maior a possibilidade de reconhecimento como participante dele. Nessa segunda perspectiva, quanto mais assumo a ética de um campo, mais atendo aos interesses deste.

Por exemplo, um editor se demite por não obedecer à ordem da empresa de adotar uma linha sensacionalista na cobertura jornalística. Aparentemente derrotado ao perder o emprego, obtém o que se poderia chamar de "vitória moral" – o lucro simbólico da ação que, convertido em capital, pode auxiliar na obtenção de um novo posto.

Mas, nesse caso, o editor agiu em conformidade com as normas do campo ao tomar uma atitude valorada como "boa": sua ética é a ética do campo e, portanto, reconhecida como digna de nota e potencialmente geradora de um lucro simbólico – há variantes do capital simbólico dentro de um campo.

Mas por que existe a crença de que podemos escolher – e, mais ainda, por que vistas de dentro do campo essas ações parecem, de fato, escolhas? Basicamente, por conta de nosso *habitus* que, quando incorpora o *habitus* do campo, *deixa de ver as ações como arbitrárias*, caindo na ilusão da escolha pessoal.

Essa inconsciência das escolhas torna possível, da perspectiva dos indivíduos, um ato desinteressado. O participante do campo não vê paradoxo na escolha de determinada ação que, em última instância, obedece aos interesses do campo na medida em que esses interesses, incorporados como parte do *habitus*, não se apresentam como tais. A estratégia não se revela de modo explícito, e o ato interessado não pode ser mostrado senão como desinteressado.

Dessa perspectiva, quais seriam as possibilidades de mudança? Uma primeira resposta seria "nenhuma", a julgar por algumas propostas iniciais de Bourdieu.

No entanto, eliminar de saída a possibilidade de mudança talvez não faça justiça às perspectivas do autor. A própria atividade linguística é vista como um ato político, pensando nas possibilidades de constituição de contra-hegemonias e até mesmo de discursos contra-hegemônicos ou marginais dentro de determinado campo – afinal, os campos tendem a notar as mudanças e alterações da própria sociedade. A linguagem, dentro de um campo, pode ser um elemento de desafio, e não apenas de aceitação.

PARA APROFUNDAR O ASSUNTO

BAUMAN, Z. *A ética é possível em um mundo de consumidores?* Rio de Janeiro: Zahar, 2013.

14. A ética das imagens: representação e poder no mundo visual/virtual

EM SEU ESTUDO CLÁSSICO sobre a fotografia, publicado em 1961 no primeiro número da revista *Communications*, Roland Barthes chamava a atenção para o efeito retórico da foto publicada em um jornal ou em uma revista. Aparente reprodução imediata do real, "mensagem sem código", é, por seu turno, carregada de processos de conotação, que envolvem da pose da pessoa focalizada aos objetos presentes na foto. Desconfiar da imagem era o primeiro caminho para conhecer, entre seus sentidos possíveis, os principais.

Por sua natureza, imagens fotográficas são instrumentos de persuasão. Se no discurso verbal o encadeamento lógico--emocional garante a força do ato retórico, na fotografia o efeito é imediato e não admite réplica: não é possível desconfiar do que é visto.

A princípio, seria possível dizer que qualquer imagem relaciona-se com algo visto. No entanto, no caso da fotografia, a reprodução técnica contribui para a sensação de veracidade pela multiplicação quantitativa da imagem; tornada onipresente, reforça-se como verdade.

Não por acaso Walter Benjamin, ao tratar do desenvolvimento dessa técnica, destacou o aspecto da reprodução como um dos mais importantes. No artigo "Pequena história da fotografia", ele afirma: "Uma imagem, uma escultura e principalmente um edifício são mais facilmente visíveis na fotografia do que na realidade". O efeito retórico da quantidade na persuasão é bem conhecido dos especialistas em opinião pública. Dessa maneira, a reprodução técnica da imagem é por si só um elemento de convencimento de uma posição específica.

No fotojornalismo a impressão de realidade da foto tende a deixar em segundo plano as implicações do ato fotográfico. Desaparecida a produção diante do produto, desaparece também a história de cada fotografia, bem como as instâncias mais ou menos arbitrárias de escolhas, decisões do fotógrafo. A ausência de um lugar de origem reforça a ilusão do absoluto causada pela imagem. O discurso proveniente de lugar nenhum reveste-se da autoridade do invisível e, portanto, inatingível – de onde surge o poder simbólico da fotografia de transformar-se em uma poderosa ilusão da realidade – e aqui seguimos Boris Kossoy em *Realidades e ficções na trama fotográfica*.

O conhecimento dessa prática passa por dois momentos: de um lado, um estudo sobre a produção da imagem; de outro, a análise dos resultados da prática.

A transformação de práticas sociais, construídas nas relações de poder entre indivíduos, em procedimentos naturais e inevitáveis, é uma das maiores estratégias responsáveis pelo exercício de um poder simbólico de uma classe sobre outra. Quanto mais uma prática se apresenta como evidente, menos aberta ao questionamento ela é. Afinal, é difícil questionar o óbvio sem parecer ridículo.

Justificar os acontecimentos como naturais evita a explicitação das razões práticas de um procedimento. Ao se apresentar como objetivas, as práticas cotidianas se reafirmam como únicas, absolutas, e se legitimam pelo silêncio. O controle da comunicação, em todas as esferas de sua existência, é uma das maneiras de definir, em cada espaço social, o que pode ser perguntado, mais do que as respostas. No caso da imagem, ocorre o que Louis Marin, em *Les pouvoirs de l'image*, denomina acertadamente "legitimação pelo signo": a presença do real torna-se indiscutível em virtude do elemento visual que transporta os componentes desse real até a consciência do espectador da imagem.

ÉTICA, MÍDIA E COMUNICAÇÃO

Assim, é necessário crer na imagem da mídia sob pena de não conhecer nada além das fronteiras imediatas do natural.

SIGNOS VISUAIS E COMPOSIÇÃO DA PERSONAGEM

De todos os elementos dos meios de comunicação responsáveis por criar o efeito de real, a fotografia parece ser o de ação mais imediata e duradoura. A dialética da imagem faz que o acontecimento real só passe a existir a partir do momento em que se transforma em algo virtual. A realidade ganha existência na transposição para a tela, para a página. Interpretar um texto, ler nas entrelinhas e descobrir sentidos subjacentes não é tarefa simples. Fazer o mesmo com uma fotografia se reveste de uma dificuldade adicional: compreender as peculiaridades de uma reprodução gráfica da realidade em uma imagem na qual todos os complicados procedimentos de produção e leitura se escondem por trás da simplicidade e obviedade da fotografia.

A fotografia é um instante congelado, indício de uma temporalidade fugidia. Os signos se fixam em sua plenitude, prontos para uma interpretação detalhada. É produzida ao mesmo tempo e no mesmo espaço que o acontecimento, de maneira que o imediato torna-se constante na foto. Ao contrário do texto, que demanda tempo e um novo código para ser produzido, a fotografia tem sua ilusão tanto mais garantida quanto mais aparece como absolutamente natural e inevitável.

O tempo para a compreensão da fotografia de imprensa parece ser menor do que o do texto. O visual é mais rápido, dinâmico e produz efeitos mais devastadores do que o escrito. Assim, a retórica da imagem se torna mais convincente quanto mais próxima for do acontecimento e, portanto, aparentemente menos carregada de subtextos. Na retórica da imagem, o subtexto se esconde sob a perspectiva do similar. No entanto, a relação entre o real e a fotografia não é de mimese, mas de simulacro.

A imagem é um constructo da realidade a partir de um complexo processo de produção, que implica desde a técnica do produtor até sua perspectiva de criar uma nova mensagem com os elementos já existentes.

O sentido do texto é construído nas palavras; a sintaxe da fotografia utiliza um processo mais sutil de criação do real a partir do arranjo e da disposição dos elementos do próprio real.

Nesse aspecto, o maior truque da fotografia é não precisar de nenhum truque explícito de construção para criar o sentido; ao contrário, trata-se mais de se chegar ao resultado final utilizando os elementos disponíveis. O talento do fotojornalista parece residir na capacidade de criar sentidos diversos usando um universo limitado de sentido – ao contrário do texto, neste caso. "A fotografia não pressupõe nem a cultura transmitida pela escola, nem as aprendizagens e o 'métier' que conferem o valor ao consumo e às práticas culturais tidas como mais nobres", diz Bourdieu na obra *Un art moyen*.

Atrelado ao avanço da eletrônica, o espaço social do conhecimento transforma-se progressivamente em espaço de produção e troca de imagens. A imagem é esmagadora em seu efeito de realidade. Aproxima o mundo do indivíduo sem a necessidade de uma elaboração conceitual e, associando-se ao simbólico, permite uma compreensão imediata do representado.

A imagem substitui o conceito na gênese do conhecimento. Mais rápida, é mais fácil de ser apreendida pelo indivíduo. É evidente que a plena compreensão de uma imagem requer igualmente uma elaboração conceitual.

No entanto, há um segundo fator: o tempo curto de exposição à fotografia de imprensa. A imagem eletrônica, tanto quanto sua correlata na imprensa, encontra na velocidade de produção e veiculação um elemento extra para criar o efeito de realidade. Não há tempo para questionar antes da próxima imagem. O ritmo do videoclipe é uma metáfora válida para compreender a sociedade em sua dependência de imagens.

A visão global de uma imagem só depende de um instante. É possível apreender a totalidade de uma imagem de relance, ato impensável quando se trata de um texto. Assim, salta-se de uma imagem a outra com mais facilidade do que se faz de uma página a outra de livro. Mais do que ilustrar, a fotografia de imprensa fixa o sentido do texto em uma relação complementar, na medida em que a escrita jornalística é igualmente um processo de seleção e exclusão de fatos. A fotografia, assim como o texto, traz uma interpretação mais fechada e menos permeável do acontecimento. Isso fica claro quando comparamos fotos de um mesmo acontecimento publicadas em veículos de imprensa diferentes. A construção da personagem no texto implica também a elaboração de uma concepção visual. Reprodução do real, a foto pode deixar claros elementos esboçados no texto. Aquilo que o texto não pode dizer com todas as letras, porque implicaria um julgamento explícito de valor, a fotografia afirma protegida pela alegada reprodução do real. Compor um personagem fotográfico é dirigir o sentido da interpretação da foto.

Os efeitos produzidos são, sem dúvida, um elemento importante na composição visual de uma página. Todavia, é preciso lembrar que a percepção não se dá de maneira isolada, com cada um dos estímulos gerando respostas diferentes; é o conjunto de estímulos, diferenciando-se em graus de importância de acordo com o receptor, que leva ao entendimento. Assim, uma foto ou um texto, tomados de maneira isolada, tem efeitos radicalmente diferentes de sua percepção como conjunto estruturado de maneira ordenada. A fotografia pode ser, como afirma Roland Barthes, uma "mensagem sem código", mas nunca está livre dos processos de conotação, isto é, aqueles pelos quais são atribuídos significados diversos a uma mensagem. Esses processos de conotação são sempre ocultos do destinatário final da mensagem – sem o qual a fonte emissora perderia sua credibilidade.

POSIÇÃO DE PÁGINA E POSIÇÃO DE CAMPO

Há um elemento adicional: o instante. A fotografia de imprensa universaliza o instante, tornando-o eterno. Mesmo que a personagem fotografada não tenha feito o gesto ou a pose por mais de uma fração de segundo, nos meios de comunicação esse lapso de tempo é multiplicado ao infinito, tantas vezes quantas forem as exposições públicas da foto.

O imóvel é outro dos recursos da fotografia para destacar os limites da reprodução do fato: ao chegar ao leitor, a foto mostrará um instante do passado tornado presente, uma alteração na linearidade do tempo porquanto está trazendo para o presente uma realidade que não existe mais, mas não se encerrou de vez porque está fixada para sempre em uma imagem. A fotografia liga um presente que já não existe ao presente imediato, modificando, dessa maneira, a percepção da foto como um instante congelado em um fluxo ininterrupto de ações. Ela capta o instante em movimento.

No entanto, diante da análise das contradições do ato fotográfico na representação de uma mesma realidade, torna-se patente a construção de um sentido atribuído ao real em virtude do enquadramento e da edição inerentes às condições específicas de uma prática.

A ALTERIDADE COMO IMAGEM NAS MÍDIAS DIGITAIS

As mídias digitais puseram o ser humano, pela primeira vez, diante da visão da totalidade do outro, isto é, de si mesmo. O desafio diante da alteridade às vezes se relaciona com sua negação – não queremos ver o diferente, então buscamos o refúgio seguro da identidade. Procuramos apagar as diferenças na pretensão de encontrar uma raiz, um fundamento para entender o outro. "Raiz" e "fundamento": estamos próximos do "radical" e do "fundamentalismo".

As dinâmicas desse encontro radical com a alteridade, mediado pelos ambientes digitais, ainda não foram delineadas, e talvez nunca venham a ser. As redes digitais, em suas múltiplas formas de relação, podem ser um espaço de interações e um encontro potencial com todos os outros. No entanto, os estudos sobre as interações em rede sugerem um panorama menos positivo. A lista de palavras incorporadas ao vocabulário de quem pesquisa o assunto é cumulativa – *cybercrime, cyberbullying, cyberhate* e expressões correlatas. Certamente tais fenômenos já existiam antes da internet – *crime, bullying* e *ódio* não decorrem do prefixo *cyber*. No entanto, parecem se amplificar e aprofundar nos ambientes digitais na medida da potência da alteridade existente nesses espaços.

A relação com a alteridade, nas mídias digitais, tem algo de paradoxal: o excesso de informações, longe da transparência, bloqueia boa parte de nossa visão do outro – o resultado é tomar a parte pelo todo, em uma metonímia. Isso acontece, entre outros, por dois motivos: 1) as informações on-line a respeito de alguém são facilmente confundidas com o "conhecimento" sobre o outro; 2) em virtude disso, quando alguém fala de si e dos outros, raramente é possível avançar além de uma impressão primeira sobre a alteridade.

Não há aqui pretensão de novidade. Autores como Manuel Castells, Paula Sibila e Sherry Turkle vêm se dedicando a estudar o tema. A perspectiva, aqui, é seguir essa trilha.

A ILUSÃO DA TRANSPARÊNCIA

A alteridade tem a potência de atravessar o sujeito com interrogações a respeito de sua constituição, e esse desafio, quando não constituído na ponte da intersubjetividade, pode ter como resultado o refúgio na clausura da diferença. É, de certa maneira, pensando nas ideias de Spinoza, mas também de Lévinas, que no outro desafia a pensar no si mesmo como parte de algo comum, um "nós" – desde que não apreendido em sua oposição específica a um "eles" com o qual não se dialoga, mas se elimina.

O outro não pode suscitar indiferença: uma vez percebido, é então apreendido de várias maneiras, seja no estereótipo que não raro desvela o preconceito, seja em sua complexidade, como um outro que, em todas as suas diferenças, e talvez por causa delas, identifica-se comigo.

A ligação, claro, parece ser apenas com uma rede de computadores; mas existe, em algum momento do processo, outro ser humano agindo. Destacamos o "sistema" como agente, sobretudo em expressões correntes como "o sistema não permite" ou "o sistema não deixa". Mas isso remete o diálogo para longe da questão principal: qualquer sistema foi inventado por seres humanos, e – ao menos até agora – pode ser desconstituído por uma igual ação humana.

Nos ambientes digitais, a potência do encontro englobaria todas as pessoas conectadas. A magnitude do acontecimento pode remeter, não sem alguma hipérbole, a outros momentos em que grupos humanos se viram diante de uma alteridade que os obrigava a refletir sobre si mesmos.

Talvez, seguindo os passos de Tzvetan Todorov no livro *A conquista da América*, possamos usar aquele momento histórico como ponto de partida para pensar as relações nas mídias digitais. A surpresa do encontro, a perplexidade diante do outro, a incapacidade de decifrar exatamente o que a outra pessoa está dizendo, a ignorância mútua que leva ora à presunção de superioridade e à pretensão de correção do outro, ora à hostilidade decorrente dessa incompreensão: tudo isso está presente no encontro com a alteridade nos ambientes conectados.

Um primeiro elemento a sublinhar é a ilusão da transparência da alteridade existente nas mídias digitais. A quantidade de informações disponíveis on-line sobre qualquer pessoa permite reconstituir, sem muita dificuldade, quem ela é. Chega-se dessa maneira ao que parece ser uma consequência, indicada por autores como Fernanda Bruno, Izabela Domingues e Gianni Vattimo: o máximo de transparência equivale ao máximo de vigilância.

No ambiente das mídias digitais, a possibilidade de saber, em poucos segundos, informações sobre a vida de qualquer pessoa tenderia a reduzir essa contingência a zero – não há mistérios, a princípio, quando tudo está visível em um perfil. Exceto o que se esconde – truísmo a ser lembrado. Nas mídias digitais, quem é o outro que se desenha para a apreensão do sujeito? Nos perfis pessoais, cada indivíduo constrói e reconstrói sua identidade utilizando imagens, sons, textos – o que chamamos de "enunciados de si mesmo". Nas redes sociais, tais enunciados podem ser discutidos, apreciados, valorizados. A interação, ao menos nesse primeiro nível, depende das informações tornadas públicas e, se há algo "dito", há também o "não dito" desse tipo de exposição.

No cotidiano, esse aspecto múltiplo da alteridade nem sempre é levado em consideração: o outro é visto na narrativa imediata, com base no que está visível, como se cada um de nós fosse um conjunto de postagens. Todo o resto, outros matizes e elementos são deixados à sombra. Um dos momentos privilegiados de encontro com a alteridade se origina nas narrativas a respeito de si mesmo por ele elaboradas.

Há, nesse instante, um efeito metonímico: na impossibilidade de percepção de outras narrativas da pessoa sobre si mesma, entendemos o outro tomando por base essa narrativa única, que se torna uma espécie de verdade a respeito do outro.

A observação dos comentários de notícias publicadas em sites, ou mesmo entre usuários de redes sociais, parece indicar isso na medida em que as poucas interações existentes levam em conta, na maior parte das vezes, elementos fragmentários, quando não isolados, da alteridade com quem se está mantendo aquele tipo de relacionamento. Não raro, toma-se uma palavra isolada, uma expressão ou até mesmo elementos pessoais, como o nome ou a foto, como objeto de crítica, deixando-se de lado outros tipos de interação.

A ENUNCIAÇÃO DE SI E DOS OUTROS NOS AMBIENTES DIGITAIS

Falar de si mesmo é um dos processos mais importantes de constituição da identidade. Cada um de nós se identifica pelos discursos que nos constituem, com base nos quais não apenas nos reconhecemos e nos representamos como nos apresentamos aos outros. Nos ambientes digitais, isso pode ser visto com muito mais força.

Não se trata, a princípio, apenas do ato explícito de "falar de si", mas também de se "inventar" como representação social – o encontro com o outro só pode ocorrer no momento em que se reconhece sua existência como um ser separado de si. Falar de si mesmo cria condições para falarmos do outro. Só é possível, aliás, representar a alteridade em seu jogo de luzes e sombras como identidade e diferença a partir do momento em que se define um "eu". Então, abre-se caminho para pensar nas relações de poder de toda narrativa: ao enunciar o outro, reduz-se sua potência como alteridade aos limites hermenêuticos do discurso no qual ele se insere.

Assim, cabe repensarmos em que medida a arquitetura de redes digitais efetivamente implica a possibilidade indefinida de conexões. A forma das ligações em rede tende a privilegiar um núcleo central de interações mais frequentes, secundado por círculos mais ou menos concêntricos de relações progressivamente mais fracas, até chegar às episódicas.

Em virtude das relações de poder existentes em qualquer discurso, intrínsecas ao ato enunciativo, em uma situação de desigualdade discursiva na qual um enunciador – ou poucos – tem o poder de definir todos os outros, as categorias de interpretação da realidade presentes nesse discurso tendem a envolver a alteridade e o si mesmo em uma trama de conceituações marcadas pelas categorias hermenêuticas de quem fala.

Em geral, esse processo deriva para marcações radicais de identidade no sentido de estipular relações binárias, quase sempre de caráter opositivo, entre o "eu" e o "outro". Categorias como próximo/distante, local/global, nós/eles, normal/exótico fundam-se em relações de poder, as quais se ramificam no conjunto dos discursos em circulação no espaço social.

A observação crítica dessas oposições binárias é trabalhada por diversos autores e pensadores interessados não em reverter a polaridade das dicotomias, mas em desconstruir os núcleos de poder em que elas se fundam. Não se trata, por exemplo, de rever a noção de "eurocentrismo" substituindo-a por um "asiocentrismo", mas de questionar as condições genealógicas de constituição de uma oposição centro/margem – com ecos de Michel Foucault.

Não se trata de reverter o binário, mas de desconstruí-lo problematizando o enunciador: quem enuncia o outro? Se existe um outro, onde e como se localiza um "eu"? A prática, aqui, é a da pergunta, entendendo o questionamento como abertura fundamental para a alteridade – a pergunta, exceto em utilizações retóricas, revela um desejo de abertura para o outro.

No entanto, além das contingências mencionadas, a apreensão do outro nos discursos de identidade é delimitada muitas vezes pela velocidade. A interpretação do outro em um ambiente de alta velocidade implica não só a redução da alteridade a um dado imediato, mas também a fixação de uma relação direta entre os atos significantes de um indivíduo e o significado atribuído a esses atos.

A velocidade das relações virtuais não permite, nesse sentido, senão uma rápida visão e atribuição de sentido ao outro, apropriado na rapidez da atualização dos perfis dos aplicativos ou da troca de mensagens. Parece ser ainda mais complexo conviver com o outro sem conhecê-lo. A arquitetura das mídias digitais em rede coloca em jogo, na potencialidade enunciativa, o curso da velocidade.

O questionamento do binário na enunciação de si e dos outros procura, entre outras coisas, chamar a atenção para a própria complexidade humana, relembrando que os significados atribuídos a outrem revelam, no máximo, quem era a pessoa no momento daquela atribuição, bem com as categorias interpretativas do enunciante.

Retoma-se, nesse sentido, a noção de que não existe relação necessária entre significante e significado, mas que ambos se imiscuem em um dispositivo no qual um terceiro termo são as relações de poder. O ato da pergunta, no entanto, não é de maneira nenhuma neutro, mas, em sua abertura para a alteridade, desconstrói a pretensão de uma "visão de lugar nenhum" responsável por sugerir uma centralidade – ou autoridade – ao sujeito enunciante.

Nesse aspecto, pode-se sugerir, com Sherry Turkle e Barry Wellman, que nos ambientes em rede uma boa parte das interações acontece entre pessoas que já dividem algo em comum e, portanto, estão mergulhadas em um mesmo discurso. As interações em rede parecem exibir uma tendência a reforçar o fechamento do "nós" em relação ao "eles". A direção aponta para o paradoxo de um ambiente de interações que desconecta: o espaço da relação torna-se o lugar da ausência de comunicação.

PARA IR ALÉM

BARCELOS, J. "Por um fotojornalismo que respeite a dignidade humana: a dimensão ética como questão fundamental na contemporaneidade". *Discursos Fotográficos*, v. 10, 2014, p. 111-34.

BIONDI, A. "O sofredor como exemplo no fotojornalismo: notas sobre os limites de uma identidade". *Brazilian Journalism Research*, v. 7, 2011, p. 90-105.

CRUZ, M. T. "Artes visuais e conceito". *Comunicação e Linguagens*, n. 17-18, 1993, p. 81-86.

MONDZAIN, M.-J. *A imagem pode matar?* Lisboa: Nova Veja, 2009.

RANCIÈRE, J. *O destino das imagens*. Rio de Janeiro: Contraponto, 2012.

15. Olhando para nós: ética e afetividade na pesquisa acadêmica

QUANDO NOSSOS ALUNOS DE iniciação científica ou de pós-graduação nos procuram para falar das dificuldades enfrentadas na pesquisa, sobretudo aqueles que realizam trabalhos empíricos cujos objetos são as práticas, atitudes e ideias de outras pessoas, lembramos quase imediatamente que a complexidade dos modos de vida, na pesquisa, desafia qualquer teoria ou esboço metodológico.

Os dilemas éticos, teóricos e práticos apresentados por nossos alunos, junto com nossa atividade de construir com eles análises capazes não só de investigar e representar os dados, estão quase sempre ligados a uma questão: como representar a alteridade na pesquisa? Como nós, pesquisadoras e pesquisadores, estamos preparados para lidar com o outro?

Não poderíamos deixar, neste último capítulo, de falar sobre a ética da pesquisa em comunicação. E, assim como fizemos antes, falamos como participantes da história – queremos refletir juntos, nunca dizer o que fazer.

Estas reflexões nascem das práticas docentes e de orientação. Trata-se, portanto, de uma autorreflexão ética – depois de vários capítulos falando sobre isso, é hora de voltar o olhar para nossa atuação. Questões éticas, assim como teóricas e epistemológicas, estão espalhadas em todos os momentos de pesquisa, nos quais é possível notar as ressonâncias do que é pensado e problematizado na área.

E nascem também das questões trazidas por pesquisadores nas reuniões de orientação. Se a metáfora é válida, é um trabalho "de

203

consultório", quase uma "clínica" da prática de pesquisa, no qual refletimos sobre os casos desafiadores que nos são apresentados.

A relação de orientação, como sabemos, é sempre de troca mútua, e trazemos essa discussão para o debate como participantes dele, provocados pelas situações e interessados em refletir para sua transformação.

Se deixarmos de lado o folclore que cerca as atividades de orientação – justificado, de alguma maneira, por certas práticas e comportamentos –, é possível entender esse momento como um espaço único de troca de ideias não apenas da pesquisa individual ou daquelas feitas em grupo, mas também da construção de um trabalho acadêmico.

Debruçamo-nos, aqui, sobre a epistemologia nas práticas de pesquisa presentes em nosso cotidiano. Como diz o filósofo Gaston Bachelard no livro *Epistemologia*, interessa-nos aqui não o "vigoroso racionalismo da manhã", com sua luminosidade objetiva do vigor da certeza, mas o "empirismo da tarde", quando entra em cena a subjetividade do pesquisador às voltas com perguntas e questionamentos.

No cotidiano da pesquisa, no momento de escolher as "práticas", o vigor epistemológico e as contradições das políticas se relacionam com as intenções do pesquisador, criando, nessa tripla intersecção, o movimento dinâmico no qual uma pesquisa é, de fato, realizada.

Na obra *Disciplinary identities*, Ken Hyland mostra que, no dia a dia da pesquisa, existem diversas estratégias de negociação entre a subjetividade dos pesquisadores e as práticas "objetivas" necessárias à participação em uma comunidade acadêmica.

Na velocidade das produções e atividades acadêmicas, nem sempre há tempo de questionar as pesquisas e seus fundamentos, e, em vez de explorar outros rumos, caminhamos sobre trilhas percorridas. Quando isso acontece, o espaço de pensamento crítico se torna lugar de repetição e reelaboração. É preciso voltar continuamente às questões fundamentais da área para pensá-las de outras maneiras. Não é porque uma pergunta já foi feita que ela está "respondida". A cada nova pesquisa, reflexões fundamentais da comunicação vêm à tona: esse é um trabalho de comunicação? Tal objeto é próprio para a pesquisa na área? Que métodos e abordagens permitem construir um olhar comunicacional sobre o objeto? Quais são as relações entre o objeto de conhecimento e o objeto empírico? A área vem se perguntando isso há décadas; é um desafio para cada pesquisadora ou pesquisador responder a tais perguntas de acordo com *sua* pesquisa, em uma contínua renovação.

A SUBJETIVIDADE NA CONSTRUÇÃO DA PESQUISA

Uma das portas para observar o "racionalismo da manhã" mencionado por Bacherlard seria a relação de afeto estabelecida entre o pesquisador e sua pesquisa. A subjetividade na pesquisa costuma ser objeto de discussões nos livros e manuais de metodologia, geralmente na forma de um paradoxo: se o observador não pode sair de seu ponto de vista, qual é a validade, ou a garantia, de seu conhecimento? E como dividir isso com outros?

Fazer uma pesquisa não significa apenas lidar com ideias, teorias e conceitos – ou seja, com o aspecto cognitivo da questão. Ao contrário, exige também um investimento afetivo considerável, no sentido de dispor de tempo, dedicação e esforço para se concentrar, talvez durante anos, em um único tema.

A atividade de pesquisa nasce da subjetividade do pesquisador: temas e problemas de pesquisa surgem de algo que o perturba, incomoda ou atiça sua curiosidade. A sensação de incômodo diante de algo costuma levar quem pesquisa a rever suas certezas e pode, justamente por isso, se tornar o tema de sua pesquisa. Até mesmo o interesse "intelectual" não deixa de ter uma face sobretudo afetiva. Como sintetizam Joaquim G. Barbosa e Remi Hess no livro *Diário de pesquisa – O estudante universitário em seu processo formativo*, toda pesquisa, em ciências humanas, é uma investigação sobre o próprio pesquisador.

Claro que outras motivações podem surgir ao longo do caminho, como lecionar no ensino superior ou prosseguir para a próxima etapa acadêmica. Isso, às vezes, pode ser percebido na aluna ou aluno que, desde a graduação, mostra direcionamentos nesse sentido, participando de iniciação científica ou fazendo elaboradas monografias de conclusão de curso.

O envolvimento afetivo é um dos elementos responsáveis pela vontade de rever as próprias ideias a respeito não só do objeto ou da prática de pesquisa, mas também de determinada visão de mundo. A prática de pesquisa permite ao pesquisador rever seus conceitos e pontos de vista, transformando certezas estabelecidas em dúvidas provisórias.

No entanto, ao mesmo tempo, há vários riscos no processo. O apego a determinados temas ou perspectivas, a dificuldade de formular recortes, abandonar definições ou deixar de lado alguns temas têm algumas de suas raízes nessa relação afetiva com a pesquisa. Na prática, isso significa às vezes forçar os desenvolvimentos metodológicos e empíricos de modo que ofereçam os resultados já esperados – se é para "provar" o que se sabe, qual seria a razão da pesquisa? E como falar em produção de conhecimento diante dessa condição necessária de subjetividade?

Uma pista vem de uma área vizinha, as ciências sociais.

No texto intitulado "Interesses religiosos dos sociólogos da religião", o sociólogo Antonio Flávio Pierucci (1992) afirma que o interesse no tema é um impedimento para o estudo, uma vez que trabalhos elaborados nessas condições apresentariam tendências difíceis de eliminar. Ecoando algumas ideias de Pierre Bourdieu, Pierucci questiona até que ponto a subjetividade do pesquisador envolvido com seu objeto, permite falar, de fato, em "pesquisa". Na prática, se alguém estuda a empresa onde trabalha ou trabalhou, ou a religião que pratica, seria bem difícil separar os interesses: como "falar mal" da instituição à qual se está ligado? Por outro

ÉTICA, MÍDIA E COMUNICAÇÃO

lado, como, nas práticas de pesquisa, encontrar um lugar "de fora" da sociedade, uma possível "visão a partir de lugar nenhum"? No entanto, ao menos desde os anos 1990, diversos autores apontam o caminho contrário. Para eles, a vivência deve ser considerada uma das condições para a elaboração de uma pesquisa, criando o ambiente para a elaboração de questões e práticas. Esse tipo de pergunta costuma aparecer, na "clínica da orientação", em perguntas relacionadas ao chamado "lugar de fala" dos pesquisadores. Há, geralmente, dois pontos de vista trazidos pelos alunos.

De um lado, a preocupação, por exemplo, de estudar a situação vivida: "Posso estudar a empresa onde trabalho?" ou "Posso analisar o movimento no qual atuo?", pautado na ideia de que a biografia é um impedimento à pesquisa (um religioso não pode ser sociólogo da religião, torcer para um time impede a pesquisa sobre comunicação e futebol).

De outro, a proposta de pesquisa é apresentada do ângulo de uma narrativa biográfica: a trajetória do pesquisador é o ponto de partida – ou, ao menos, o catalisador – para a pesquisa (apenas pessoas que sofreram *bullying* poderiam estudá-lo, vítimas de racismo o pesquisariam e assim por diante). O vínculo afetivo com o objeto, visto como empecilho na primeira perspectiva, torna-se condição na segunda – a biografia legitimaria o lugar de fala científico.

Nos dois casos existe outro problema: essas questões, de âmbito subjetivo, são levadas para dentro do ambiente institucional "objetivo" da universidade e da vida acadêmica. Lá, diante dos colegas, orientadores e avaliadores, espera-se que os dados sejam devidamente colhidos e apresentados no texto (a experimentação, os afetos e as sensações só aparecem nos anexos, em notas de rodapé e comentários bem-humorados nas bancas de defesa).

O ponto de partida biográfico, afirmando ou negando o vínculo de conhecimento do outro, se manifesta em um segundo espaço: o vínculo com os outros.

DA ALTERIDADE AO OUTRO COMO "OBJETO"

A pesquisa nos coloca diante da alteridade. Em ciências sociais, o tema está sempre relacionado ao outro que nos desafia a pensar a relação entre o "eu" do pesquisador e esse "outro": o trabalho, no dizer de Emanuel Lévinas, acontece no espaço do "nós" – que, como recorda o autor francês, não é a soma de mais de um "eu", mas um lugar de encontro.

Independentemente das questões teóricas e metodológicas, o trabalho de pesquisa pode ser entendido como um exercício de aproximação com o outro.

No cotidiano da pesquisa, no entanto, os constrangimentos institucionais de prazos e obrigações nem sempre permitem ver o outro dessa maneira. O encontro com a subjetividade na pesquisa não é igual aos outros encontros: afinal, eles acontecem na situação metodologicamente controlada da pesquisa. Esse "outro", então, se torna o "objeto" em relação a um "sujeito": o "objeto de pesquisa", o "objeto de conhecimento", o "objeto empírico" etc.

A diferença entre essas duas perspectivas não se resolve com a escolha de uma ou outra. Ao que parece, nosso modo atual de fazer pesquisa é uma espécie de adaptação, mais ou menos elaborada, entre ambas. Originadas em problemas subjetivos, nossas investigações são complementadas por métodos objetivos no encontro com a alteridade, quando então precisamos aprender o "distanciamento" necessário à pesquisa.

Nossa relação afetiva com a pesquisa é um dos guias de nossa prática, e não é de estranhar que nossa subjetividade povoe o espaço de investigação. Nas fronteiras com a psicanálise, seria possível lembrar-se de certas situações nas quais pesquisadores que, até então, demonstraram alta capacidade de pesquisa deixam de lado o impulso de pesquisar e até mesmo de escrever. Isso indica que os fatores subjetivos, muitas vezes excluídos do âmbito "sério" ou "prático" do ato de pesquisar, precisam ser levados em consideração quando se pensa nas atividades de pesquisa.

Na relação de orientação, ressaltam Schnetzler e Oliveira no livro *Orientadores em foco*, a intensidade do vínculo estabelecido ao longo de uma pesquisa não se resume às questões teóricas ou conceituais, mas diz respeito também a questões emocionais e afetivas – por exemplo, na satisfação de verificar os desenvolvimentos da pesquisa ou na frustração pelo contrário. Isso se aplica, também, às nossas relações com a pesquisa.

A alteridade, nesse momento, corre o risco de não ser vista como outra pessoa, igual ao pesquisador em suas diferenças, mas como o "objeto" de pesquisa, do qual se extrairão "dados" ou "discursos" para ser analisados com base em um "referencial teórico" que, de antemão, já qualifica o outro: é parte de uma "classe social", de uma "faixa etária", de um "gênero" ou de uma "etnia", por exemplo.

Isso leva a outra questão ética: classificar os outros é uma atividade que pode potencialmente reduzir a alteridade ao que nossas teorias e conceitos dizem sobre elas – no caso da comunicação, por exemplo, a ideia de "manipulação" geralmente é associada a "outras pessoas": nós, pesquisadores, estaríamos "protegidos" ou, como diz Bourdieu, "fora do jogo". Evidentemente, análises e classificações fazem parte do trabalho acadêmico, assim como o questionamento constante de seus limites.

A ética é um dos fundamentos epistemológicos da pesquisa: a partir dela nascem as possibilidades de construção do conhecimento.

OS DESAFIOS DA PRÁTICA DE PESQUISA

Uma reflexão sobre ética, mídia e comunicação deve incluir também o desejo de repensar as relações de quem pesquisa, aprende e ensina, como indivíduos e como comunidade de pesquisadores. Ao longo do livro, vimos a importância da comunicação e das relações intersubjetivas nos julgamentos que produzimos e recebemos sobre condutas, modos de vida e participação na sociedade. Observamos em que medida dependemos dos outros para ser considerados e reconhecidos. Para sermos sujeitos politicamente autônomos, necessitamos conquistar a valorização e a estima do outro, de modo que uma relação seja construída pelo entendimento, e não por meio de um dom ou de uma atribuição externa.

O valor de nossa vida está ligado às redes de apoio e afeto que configuramos, pois é nelas que nos percebemos como dignos da consideração daqueles que conosco convivem. Mas esse valor também é relativo aos tipos de enquadramento produzidos pelos veículos e atores midiáticos. A comunicação, nesse sentido, é um ato de encontro – encontro com a alteridade, o outro que nos desafia a cada instante a repensar quem somos.

Uma das características associadas ao ser humano é a sensibilidade no contato com o outro. E é possível notar como os espaços midiáticos distribuem de maneira desigual as possibilidades de estima e valorização das pessoas, fazendo que determinados indivíduos e grupos estejam mais sujeitos ao desprezo e à injúria do que outros.

As representações, na mídia, podem tanto amplificar como reduzir a vulnerabilidade dos sujeitos a partir da construção de parâmetros responsáveis por definir o vínculo ético-moral com a alteridade ou que oferecem justificativas para sua eliminação. Em outras palavras, a diferença entre a humanização e a desumanização.

No livro *Totalidade e infinito*, Lévinas afirma que "a relação mais direta com o outro é a do intercâmbio social e não a relação do conhecimento, da representação". O contato com a alteridade mostra uma realidade radical que não se deixa representar, reduzir, nomear, classificar. A humanidade do outro não se deixa capturar pela representação.

Na pesquisa em comunicação, e nas ciências humanas em geral, muitas vezes estamos diante dessa alteridade; entramos em contato com pessoas com narrativas e experiências e assim construímos nossos estudos. Na pesquisa acadêmica, o desafio é pensar em outras formas de deixar o outro falar e de ser afetado por ele nos limites da representação do conhecimento e dos resultados de pesquisa – a dualidade entre o "sujeito que conhece", de um lado, e o "objeto conhecido", de outro, se entrelaça na relação intersubjetiva da pesquisa.

Nesse caso, há uma reflexão ética por trás da pesquisa: a que questiona o falar "por alguém" ou "em nome de". Assim, pode-se construir o sentido de forma partilhada, não hierarquizada. Desloca-se o pesquisado do seu lugar de "objeto" de análise e dá-se a ele um lugar de interlocutor, parceiro simétrico na construção da pesquisa.

Outro desafio é encontrar uma forma de registrar os resultados da pesquisa que não só evidencie a dimensão dos afetos envolvidos na trajetória, mas também permita a construção de representações que não escondam a incapacidade do pesquisador de captar e "substituir" o referente.

Uma importante dimensão ética consiste em problematizar o papel do pesquisador na construção das narrativas produzidas pelos entrevistados e na consequente representação dos encontros com esses sujeitos no formato do texto científico.

Uma das principais dimensões críticas que apareceram na pesquisa com sujeitos relaciona-se com a presumida "autoridade" do pesquisador sobre o relato dos sujeitos pesquisados. É ele que escreve, que toma a palavra, e sua descrição costuma se fechar sobre a representação (a descrição que o pesquisador faz dos sujeitos e seus relatos), muitas vezes sem que ela seja atravessada pela voz dos outros, sem polifonia.

Ou seja, a pesquisa acadêmica usa frequentemente o relato dos sujeitos como ilustração de uma perspectiva teórica, sem de fato escutar o que eles têm a dizer: constrói uma representação credível, mas muitas vezes surda às palavras e narrativas criadas na própria interação pesquisador-sujeito pesquisado. Nesse aspecto, o sujeito pesquisado torna-se invisível, sem direito a uma existência comunicacional.

Sabemos que o *ethos* do pesquisador, atrelado à sua inscrição histórica, institucional e social, não determina a ética de sua pesquisa, muito embora o seu senso ético influencie a apreciação de sua responsabilidade em relação aos pesquisados. Desse modo, as diferenças, a proximidade e a vinculação podem produzir uma percepção bem diferente dessa responsabilidade.

Ser responsável requer atenção ao outro e abertura ao encontro, o que não escapa a relações de poder e também sinaliza formas de diferenciação das quais não se pode fugir. Nesse sentido, divergências não são "acidentes de percurso" a ser evitados, mas parte da relação entre pesquisador e pesquisado. Nesse sentido, o pesquisador pode escapar às armadilhas de seus modelos e protocolos e lançar desafios ao já conhecido.

A OBJETIFICAÇÃO DO PESQUISADOR

Projetos de pesquisa nascem do encontro entre as condições objetivas do meio universitário – calendários, linhas de pesquisa, programas de pós-graduação – e a subjetividade do indivíduo interessado em "fazer pesquisa", da iniciação científica ao pós--doutorado. Nessas condições, há um longo aprendizado não apenas das práticas acadêmicas, mas também no que se refere à constituição do ser-pesquisador.

O engajamento com a pesquisa ocorre também em nível pessoal, muitas vezes deixado de lado no cotidiano das práticas acadêmicas e que só fica visível quando algo dá errado – quando a magia existente entre o pesquisador e sua pesquisa se esvai diante dos problemas relacionados à pesquisa ou, em outra escala, às práticas da academia. Isso acontece, digamos, quando questões a respeito da formatação de um trabalho – para usar um exemplo que deveria ser trivial – ganha mais importância do que a pesquisa em si, ou quando prazos e cronogramas são sistematicamente deixados de lado.

Isso não significa fazer uma crítica vazia contra os procedimentos técnicos, fundamentais nas dinâmicas de qualquer área. O problema é de outra natureza: saber qual é o lugar do pesquisador em sua pesquisa. Se é possível jogar com os rótulos, o cotidiano de pesquisa muitas vezes se realiza no movimento entre teorias "pós-modernas" e métodos "positivistas". Isso pode se refletir na prática – por exemplo, no contraste entre os "capítulos teóricos" e o modo como tratamos nosso "objeto empírico", com o risco de reduzir o outro a um "provedor de informações" ou de "discursos" com base nos quais se complementa o que a pesquisa teórica já indicava.

A ÉTICA DE UMA CIÊNCIA DA COMUNICAÇÃO

Uma das raízes desse problema está na própria definição de "ciência" a respeito da comunicação. Há certa ambiguidade nesse conceito – e, sobretudo, na maneira como ele é utilizado.

De um lado, existem as exigências acadêmicas de produção, quantidade de publicações, participação em grupos de pesquisa e vários outros critérios para dizer se determinada pesquisa é relevante. Isso nos aproxima de parte da produção de países anglo--saxônicos – pesquisas em comunicação com amostras estatísticas, números, tabelas, gráficos, dados. A questão é que nesse campo tal modelo nem sempre pode ser adotado: há, por exemplo, a impossibilidade de produzir resultados "exatos", assim como dificuldades metodológicas para elaborar pesquisas quantitativas.

Nesse cenário, é possível entender por que a preocupação com os "modelos" de formatação muitas vezes encontra paralelo na busca de "modelos" de "como fazer uma pesquisa". Diante de exigências que muitas vezes não levam em conta as muitas dimensões de uma investigação, esses modelos aparecem como garantia de que se está "fazendo certo" e, em consequência, ajudam na hora das bancas. Quando isso acontece, o aspecto da descoberta e da exploração, que deveria ser o critério para uma pesquisa, transforma-se na busca da fórmula certa e consagrada ou das "palavras mágicas" – muitas vezes, os conceitos teóricos usados durante determinado período. Com isso, em alguns casos os pesquisadores se preocupam em "aplicar" referenciais teóricos, geralmente muito complexos, à pesquisa. No cotidiano, isso geralmente aparece nas conversas na forma da pergunta sobre como "usar" determinada autora ou teoria. Nesses casos, o objeto de pesquisa muitas vezes se torna apenas um "exemplo" das teorias escolhidas.

Essa contínua busca acrítica de modelos, fórmulas e modos de fazer pode, em alguma medida, atender aos critérios institucionais, mas deixa de lado o que há de indefinido, indeterminado, de acaso no trabalho científico. O pesquisador, nesse momento, se converte em objeto – não de uma pesquisa em si, mas do circuito de elaboração da ciência.

Volta à cena, nesse momento, a subjetividade do pesquisador, colocado diante dessas condições de produção científica. Em alguns casos, quando a diferença entre o que a pessoa esperava e a possibilidade de fazer isso fica muito grande, chega-se ao ponto da ruptura: é o momento em que a pesquisa, antes vista como espaço de descoberta, torna-se uma atividade burocratizada nas obrigações de afirmação e sustentação de uma "verdade".

O nível de sofrimento psíquico nesse momento costuma ser alto e, de alguma maneira, acaba criando e reforçando estereótipos em circulação na área sobre as dificuldades de fazer pesquisa, tornando a prática do conhecimento um fardo do qual o pesquisador quer se livrar quanto antes, a qualquer custo.

Nos momentos problemáticos de qualquer investigação, aflora a subjetividade do pesquisador, muitas vezes visível na angústia que cerca os meandros da produção acadêmica – não por acaso, nos corredores universitários os relatos sobre dificuldades de pesquisa, ou na relação com colegas e orientadores, ganham importância diante da pesquisa propriamente dita.

RUMO AO EXPERIMENTO?

A ética da pesquisa em comunicação é um processo de construção, ao longo do qual o pesquisador (junto com seus pares) explicita questões, explora suas ambivalências, tensões e potências, sempre negociando as respostas. A ética da comunicação nos confere a possibilidade de elaborar nossa experiência, transformando-a em matéria inteligível, comunicável e partilhada.

Como perspectiva, e proposta sintética do que foi aqui apresentado, talvez fosse necessário pensar que a operação relacional posta em marcha pela pesquisa em comunicação deve acolher a alteridade, habilitando-nos a pensar, a ver e a dizer diferentes mundos. Permitindo-nos fazer parte dos universos que a própria pesquisa deixa entrever. Legando-nos tempo para encontrar um lugar em meio à modelagem representativa e à experimentação afetiva.

Para terminar: cinco desafios da ética na comunicação

NESTE MOMENTO QUASE FINAL deste percurso (mas esta discussão termina?), podemos imaginar algo, em termos práticos, como um desafio para todas e todos nós. Pontos de reflexão, geralmente incômodos, sobre ética na comunicação. É comum, tanto para profissionais quanto para estudantes e pesquisadores da área, oscilar entre duas posições: ter princípios éticos terrivelmente rígidos que, por isso mesmo, são impossíveis de colocar em prática; ou, por outro lado, princípios tão maleáveis que seria possível questionar se ainda estamos falando de "ética" ou se não se trata, na verdade, de casuísmo, isto é, de ideais que podem ser adaptados a qualquer situação desde que se tenha uma boa justificativa, seja de que natureza for.

Como exemplo inicial, pensemos numa regra importante para toda a comunicação humana: "dizer sempre a verdade".

Se levamos essa regra a extremos, a vida em sociedade se torna impossível – em certas circunstâncias mentiras podem ser aceitáveis, até mesmo necessárias: de acordo com o contexto, dizer a verdade seria desumano. No entanto, se caminhamos para o outro extremo, simplesmente nos daremos o direito de mentir em toda e qualquer circunstância em que julgarmos interessante – o que tornaria a vida com os outros igualmente impossível.

Este é o coração de qualquer debate ético: *o que fazer quando dois princípios se chocam*. A regra "dizer sempre a verdade" é correta. No entanto, em alguns casos, essa regra vai se chocar com outra, como "não devemos magoar as pessoas". É nesse momento que chegamos ao debate ético. As questões éticas não aparecem quando temos certeza do que fazer: ao contrário, é quando estamos diante de conflitos e contradições que percebemos os problemas éticos de uma situação. Daí que o estudo da ética não deve basear-se somente na análise de princípios, mas, principalmente, nas condições *reais* de vida nas quais os dilemas e desafios aparecem.

Qualquer jornalista certamente sabe que deve "dizer sempre a verdade", mas o que fazer quando, faltando minutos para entregar um texto, uma das fontes não respondeu aos e-mails e telefonemas? Todo relações-públicas tem princípios morais, mas como gerenciar uma crise de imagem quando sua organização está flagrantemente errada? Os exemplos poderiam se multiplicar ao infinito.

Ao pensar nos desafios iniciais da ética da comunicação, buscamos elencar alguns problemas do comunicador. Dados as limitações de espaço e o aspecto introdutório da discussão, optamos por cinco principais questões que, de alguma maneira, ajudam a desenhar os problemas da comunicação.

DENTRO DO MERCADO, APESAR DO MERCADO

O primeiro desafio ético com o qual o comunicador precisa lidar são as relações entre mercado e o campo da comunicação. Não podemos ignorar que existe um mercado, um sistema capitalista no qual vivemos, goste-se dele ou não – por mais que alguém o critique, todos os dias precisamos tomar ônibus, comer e pagar contas, atividades que nos inserem nesse mesmo capitalismo. Vivemos em uma sociedade em que as leis de mercado têm proeminência – numa postura pessimista alguém poderia dizer que elas têm mais valor do que qualquer outra lei.

O mercado da comunicação é um espaço complexo e predatório como todos os outros. E, mesmo tendo consciência da necessidade de buscarmos valores éticos, encontramos esta primeira barreira: com algumas exceções, o estabelecimento de meios de comunicação requer algum financiamento, algum capital. A entrada em um mercado de bens simbólicos transforma a comunicação em um produto – e aqui também não se diz nenhuma novidade.

O que seria possível pensar como novidade é que a comunicação *não é só um produto*. Até meados dos anos 1980, talvez ainda fosse possível argumentar que a comunicação não era um produto, não podia nem devia sê-lo. Hoje, ainda que a discussão possa ser feita, isso é fato consumado. As reflexões, no entanto, não apontam para um beco sem saída. De fato, no capitalismo, a comunicação é um produto. Mas isso não significa que a comunicação seja *só* um produto – ou que este deva ser pautado pela baixa qualidade.

Mesmo entendendo a comunicação como um produto, existe o desafio ético de manter a qualidade do trabalho mesmo dentro do mercado. "Fazer o melhor" não significa "perfeito", mas o *possível* dentro de determinada situação. E aqui não estamos dizendo que a qualidade possa ser medida pelo número de receptores.

Admitindo que estamos inseridos nesse mercado, precisamos nos basear na qualidade do trabalho para fazer frente às informações que chegam dentro de uma lógica concorrencial da qual não se escapa. É oscilando entre algum idealismo e certo pessimismo que se pode pensar na perspectiva de escapar.

No caso pessimista, isso significa adotar uma postura quase fatalista e, de certo modo, condescendente com o próprio produtor: "Ah, já que o público quer violência, ou entretenimento fácil, então vamos dar entretenimento fácil". Correto, mas o índice de audiência pode querer outras coisas.

Até porque é possível desconfiar de discursos como "o público quer": em que medida isso não é uma desculpa utilizada para justificar decisões já tomadas, que procuram colocar a responsabilidade em uma categoria abstrata chamada de "público"? Comunicar com qualidade dentro do mercado, mas sem ignorar o mercado, talvez seja nosso primeiro desafio. Por que um desafio? Porque é o comunicador que vai pensar nisso em todas as esferas, inclusive dialogando com a empresa de comunicação. A comunicação não é produzida ao acaso. É fruto de grandes conglomerados que também podem ouvir outras vozes. Como todo diálogo, há momentos em que se vai ganhar e outros nos quais a derrota é certa. A resistência é mais importante do que a vitória, porque só se consegue ganhar por meio do debate constante dentro dos próprios meios.

A TECNOLOGIA: ENCONTRAR O HUMANO NO DIGITAL

O segundo desafio é a tecnologia, que muitas vezes nos leva a fazer dela um fim em si. Alguns autores, mais entusiasmados com os aparelhos do que com as pessoas, preenchem livros e artigos dizendo o que a tecnologia pode fazer. A pergunta do comunicador é outra: o que o seres humanos fazem com a tecnologia? Em *Informar não é comunicar*, Dominique Wolton nos recorda de algo aparentemente óbvio: redes digitais são formadas por seres humanos. Atrás de cada página de rede social, de cada espaço no ambiente das mídias digitais, há um ser humano. A tecnologia e, sobretudo, os ambientes digitais não são melhores nem piores do que a sociedade que os produz.

Tempos atrás, um aluno nos perguntou sobre racismo na internet. A resposta foi que não há racismo *na internet*, há racismo *na sociedade,* que se manifesta na internet. Se a sociedade fosse justa e inclusiva, não precisaríamos nos preocupar com nenhuma manifestação de racismo, na internet ou fora dela.

Nesse segundo desafio, assim como não se pode ignorar o mercado, não se podem ignorar as tecnologias. Cada pessoa, cada grupo, cada sociedade vai adotá-la de acordo com seus critérios, mas não pode deixar de fazer isso – é um processo que alguns autores denominam "midiatização" da sociedade.

O uso da tecnologia nos leva ao terceiro desafio ético da comunicação, a alteridade: quando falamos, falamos *para* e *com* o outro.

ENTENDER A ALTERIDADE DO OUTRO

A pergunta que surge imediatamente, nesse ponto, se refere à alteridade: quem é o outro e o que vai acontecer com ele depois de entrar em contato com a mensagem? Qual é a cultura dele, como ele vai entender os elementos do discurso? Como chegar a esse outro que, como nós, é inteiro mistério?

E uma pergunta ainda mais difícil: até que ponto podemos comunicar, de verdade, algo para esse outro? Há um limite: a comunicação não é, ao que tudo indica, um processo completo; é complexa, mas não completa. Nós talvez nunca consigamos entender esse outro, e, no entanto, afirma-se nisso um paradoxo: para nos comunicar com esse outro precisamos entendê-lo.

Quem é capaz de dizer que conhece integralmente outro indivíduo? Na relação de comunicação, por mais profunda que seja, apenas vislumbramos o outro. Quando alguém conversa conosco, ouvimos apenas um pedaço da vida dessa pessoa. A comunicação é sempre limitada; nunca chegaremos a esse "eu" mais profundo do outro, nunca atingiremos plenamente essa alteridade.

Novamente, isso não significa que seja possível ou desejável abrir mão desse estímulo. Ao contrário, justamente porque o processo de comunicação é incompleto vemo-nos diante do desafio, talvez do dever, de buscar o máximo de comunicação possível, respeitando também os saberes desse outro, lembrando que toda comunicação está entrelaçada com o poder – e que a chance de usar, mesmo inadvertidamente, esse poder sobre o outro é muito grande, impondo uma comunicação que não é dele.

COMUNIDADE E POLÍTICA

O trabalho com a comunicação implica uma responsabilidade considerável com a comunidade e com o contexto histórico, político e social de uma época. A título de comparação, podemos pensar que se um médico comete um erro – por exemplo, receitar um remédio incorreto –, a única pessoa atingida será seu paciente; é uma tragédia, mas individual (o que, evidentemente, não reduz seu impacto ou sua importância). Se um comunicador erra, seu erro tende a afetar escalas maiores da sociedade.

E, nesse sentido, uma questão ética se relaciona com as novas tecnologias: a comunicação está diretamente vinculada com a comunidade. Não existe comunidade sem comunicação, sem uma "voz" que se articula em inúmeras instâncias – e aqui se usa a ideia de "voz" no sentido mais amplo possível – não se cria vínculos com a comunidade. O pesquisador britânico Nick Couldry sugere esse aspecto político de "ter voz": é a voz, a conversa, a rede social, digital ou não, que cria vínculos com a minha comunidade. Não custa nada lembrar, aliás, que a raiz do termo "comunicação", *communio*, é a mesma da palavra "comunidade".

Nesse sentido, a organização política depende da comunicação. Se não sei quem é a minha comunidade, não sei quem está do nosso lado ou qual é nossa força política. No entanto, quando essa informação fica clara, não apenas falamos com o outro: não estamos mais sozinhos. Criamos um vínculo político.

A comunidade é, também, uma ação política. Ela cria vínculos, força, faz que o cidadão tenha voz. Veja-se, por exemplo, como os grupos representativos desse ou daquele segmento se organizam e ganham números no ambiente digital. O indivíduo

ÉTICA, MÍDIA E COMUNICAÇÃO

isolado é uma condição desastrosa em termos políticos. Na comunidade, ele ganha vínculos, força, pode reivindicar o próprio direito e o dos outros – e esse vínculo se origina nas relações de comunicação.

Não à toa, quando se quer desmobilizar pessoas, começam a ser criados entraves à comunicação. Nos regimes totalitários, para desmantelar a crítica, impede-se o diálogo. A democracia se funda numa base comunicativa, na medida em que ela permite a deliberação e o questionamento.

IDENTIDADE E RESPONSABILIDADE

E isso nos leva ao último desafio: saber quem é o comunicador. Quem somos nós, comunicadores? Em primeiro lugar, também somos receptores. Vemos TV, estamos nas redes sociais, vamos ao cinema. As vezes queremos viver essa comunicação e às vezes desejamos descansar – ser humano significa também precisar de momentos de relaxamento, nos quais se assiste a um jogo pela TV ou a uma telenovela, deixando de lado a rotina cotidiana, as horas de trabalho ou os problemas corriqueiros.

Nós, comunicadores e comunicólogos, fazemos parte do público com o qual nos comunicamos. Às vezes, pode-se cair em uma tentação elitista, criando uma distância imaginária entre seu gosto e o gosto ou vontade de um receptor entendido como alteridade – é o julgamento feito, por exemplo, quando se justifica determinada atitude alegando saber "o que o povo quer" ou "do que o povo precisa", esquecendo que também se é parte do "povo". Lembrar que o comunicador também é parte da rede de comunicação nos faz pensar que aquilo que é bom para os outros é bom para nós também – outro desafio ético.

Em nosso dia a dia, por vezes um ideal ético será submetido a duras provas. Quando inseridos no mercado, talvez seja preciso seguir a decisão de outras pessoas, e nem sempre uma ética baseada no dever ou na virtude prevalecerá sobre a ética do mercado. Às vezes, deparamos com situações em que nem sempre é possível tomar uma decisão propriamente de acordo com nossos princípios e valores éticos. Anos atrás, o editor de uma revista importante decidiu publicar como matéria de capa determinado assunto. O dono da editora desceu à redação e pediu que a reportagem não saísse. Segundo ele, tratava-se de uma denúncia envolvendo um dos principais anunciantes do veículo e a publicação acarretaria sérios problemas para a corporação. O editor da revista mostrou-se firme em sua posição e decidido a publicar o texto. Diante da pressão do proprietário, demitiu-se, alegando que não agiria contra a ética profissional. Um detalhe: ele era solteiro, sem filhos e tinha um segundo emprego que garantia 40% da renda. Tivesse três filhos e fosse responsável por cuidar de pais idosos, seria merecedor de alguma crítica se tivesse obedecido? Mas até que ponto uma questão pessoal pode colocar em risco a informação?

Esse exemplo nos permite explorar um dos pontos centrais de qualquer debate sobre ética na comunicação: o problema da liberdade de escolha e sua relação com qualquer decisão que possa ser pensada com base em critérios vinculados a uma moral. Nesse sentido, as decisões tomadas no âmbito das relações comunicativas não ficam fora do enquadramento das decisões humanas – não no sentido do que se *vai* escolher, mas pensando justamente no fundamento do que se *pode* de fato escolher.

Como recorda Clóvis de Barros Filho em *Ética na comunicação*, a existência da plena liberdade, fundamento de um ato vinculado a uma ética, se liga à possibilidade de uma ação livre de restrições. Só é possível pretender uma liberdade maior dos meios de comunicação com uma concepção de liberdade clara – e, novamente, ficam invisíveis as fronteiras entre a comunicação, a ética e a política que a cerca.

O século 20 mostrou-se, paradoxalmente, um momento de extremo racionalismo e grande retrocesso dos conceitos de liberdade. Ter consciência é ser livre, ser livre é fazer escolhas e ser responsável por elas.

Com base nessas escolhas – lembra Jean-Paul Sartre em *O existencialismo é um humanismo* –, definimos nossa existência, e não por nenhuma "essência" prévia, no sentido de algo que nos "força" a ser – nenhum deus define de antemão o que sou, assim como a genética e a luta de classes também não. O conceito é sempre negativo: *deixamos* outras N possibilidades de ser para ser apenas isto que queremos. E é uma escolha nossa.

A extensão do poder da mídia e da circulação das redes digitais ainda precisa ser medida corretamente, mas as possibilidades de compreensão do espectador também derivam de fatores que estão muito além do controle do pesquisador. Esforços individuais tentam conduzir essas mesmas parcelas a uma nova e constante aplicação da mente na criação de uma cultura na qual a mídia exista, mas não seja hegemônica.

Não há, aqui, a pretensão de esgotar o assunto. Nesse sentido, a ética da comunicação na sociedade não trará a solução da incógnita, mas permitirá aproximações mais rápidas. Até então, o equilíbrio de forças permanecerá instável, gerando conflitos e contradições no cotidiano – mas também abrindo possibilidades para a solidariedade, a convivência e o entendimento.

Referências

AARSAND, P. "Frame switches and identity performances: alternating between online and offline". *Text and Talk*, v. 28, n. 2, 2008, p. 147-65.

ADORNO, T.; HORKHEIMER, M. *Dialética do esclarecimento*. Rio de Janeiro: Zahar, 1983.

AGAMBEN, G. *A comunidade que vem*. Belo Horizonte: Autêntica, 2012.

_____. *Meios sem fim: notas sobre política*. Belo Horizonte: Autêntica, 2016.

AMARAL, L. *Objetividade jornalística*. Porto Alegre: Sagra-Luzzatto, 1996.

ANDERSON, J.; HONNETH, A. "Autonomy, vulnerability, recognition, and justice". In: CHRISTMAN, J.; ANDERSON, J. (orgs.). *Autonomy and the challenges to liberalism: new essays*. Cambridge: Cambridge University Press, 2005, p. 127-49.

ANDRADE, C. D. de. "Governar". In: *Rick e a girafa*. São Paulo: Ática, 2008.

ARISTÓTELES. *Arte retórica*. Lisboa: Imprensa Nacional, 2000.

_____. *A política*. São Paulo: Edipro, 2009.

_____. *Ética a Nicômaco*. São Paulo: Edipro, 2014.

_____. *Ética a Eudemo*. São Paulo: Edipro, 2015.

AUDI, R. *Moral value and human diversity*. Oxford: OUP, 2007.

AVRITZER, L. "Teoria crítica e teoria democrática". *Novos Estudos Cebrap*, n. 53, mar. 1999, p. 167-88.

BACHELARD, G. *Epistemologia*. Rio de Janeiro: Zahar, 1976.

BALSEY, C. *Critical practice*. Londres: Routledge, 2002.

BANASZYNSKI, J. "Conflicting loyalties and personal choices". In: MEYERS, C. (org.). *Journalism ethics*. Oxford: Oxford University Press, 2010.

BARBOSA, J.; HESS, R. *Diário de pesquisa – O estudante universitário e seu processo formativo*. Brasília: LiberLivros, 2010.

BARKER, C. "Audiencias, identidad y debates sobre programas televisivos". In: *Televisión, globalización e identidades culturales*. Barcelona: Paidós, 2003.

BARROS FILHO, C. *Ética na comunicação*. 7. ed. São Paulo: Summus, 2008.

BARROS FILHO, C.; MARTINO, L. M. S. *O habitus na comunicação*. São Paulo: Paulus, 2003.

BARTHES, R. "O efeito de real". In: VV. AA. *Linguagem e comunicação*. Petrópolis: Vozes, 1973.

_____. "A mensagem fotográfica". In: LIMA, L. C. (org.). *Teoria da cultura de massa*. Rio de Janeiro: Paz e Terra, 1979.

BAUMAN, Z. *Modernidade e ambivalência*. Rio de Janeiro: Zahar, 1999.

_____. *Identidade*. Rio de Janeiro: Zahar, 2005.

_____. *A ética é possível em um mundo de consumidores?* Rio de Janeiro: Zahar, 2013.

BAYNES, K. "Public reason and personal autonomy". In: RASMUSSEN, D. (org.). *Handbook of critical theory*. Massachusetts: Blackwell, 1996, p. 243-54.

BENHABIB, S. *Critique, norm, and utopia: a study of the foundations of critical theory*. Nova York: Columbia University Press, 1986.

BENHABIB, S. (org.). *Democracy and difference – Contesting the boundaries of the political*. Princeton: Princeton University Press, 1996.

BENJAMIN, W. "Pequena história da fotografia". In: *Obras escolhidas*. São Paulo: Brasiliense, 1996.

BERGER, P.; LUCKMANN, T. *A construção social da realidade*. Petrópolis: Vozes, 2011.

BERKLEY, G. *Tratados sobre a visão*. Campinas: Ed. da Unicamp, 2010.

BIONDI, A.; MARQUES, A. *Apelos solidários: enunciação e visibilidade na fala política de vítimas em redes sociais*. São Paulo: Intermeios; CNPq/Capes, 2017.

BIROLI, F. "Autonomia, opressão e identidades: a ressignificação da experiência na teoria política feminista". *Estudos Feministas*, v. 21, 2013, p. 81-105.

BOBBIO, N. *O futuro da democracia*. Rio de Janeiro: Paz e Terra, 1986.

BOHM, D. *On dialogue*. Londres: Routledge, 2009.

BOHMAN, J. *Public deliberation: pluralism, complexity, and democracy*. Massachusetts: MIT Press, 1996.

BORELLI, V. "Jornalismo como atividade produtora de sentidos". *Biblioteca On-line de Ciência da Comunicação*, 2002. Disponível em: <http://www.bocc.ubi.pt/pag/borelli-viviane-jornalismo-actividade-sentidos.pdf>. Acesso em: 10 mar. 2018.

BOURDIEU, P. *Questões de sociologia*. São Paulo: Marco Zero, 1983.

_____. *Razões práticas: sobre a teoria da ação*. Campinas: Papirus, 1996.

_____. *A economia das trocas linguísticas*. São Paulo: Edusp, 1997.

_____. *Langage et pouvoir symbolique*. Paris: Seuil, 2001.

_____. *Coisas ditas*. São Paulo: Brasiliense, 2004.

_____. *Un art moyen*. Paris: Seuil, 2006.

ÉTICA, MÍDIA E COMUNICAÇÃO

_____. *A distinção*. Porto Alegre: Zouk, 2011.

BRAGA, J. L. "A prática da pesquisa em comunicação: abordagem metodológica como tomada de decisões". *E-Compós*, v. 14, n. 1, jan.-abr. 2010.

_____. "Nem rara, nem ausente – Tentativa". *Matrizes*, v. 4, 2011, p. 65-81.

BRUNER, J. "The narrative construction of reality". *Critical Inquiry*, v. 18, n. 1, 1991, p. 1-21.

BUBER, Martin. *Sobre comunidade*. São Paulo: Perspectiva, 2013.

BUCCI, E. *Sobre ética e imprensa*. São Paulo: Companhia das Letras, 2000.

_____. *A imprensa e o dever da liberdade*. São Paulo: Contexto, 2009.

BUTLER, J. *Precarious life*. Londres: Verso, 2004.

_____. *Quadros de guerra: quando a vida é passível de luto?* Rio de Janeiro: Civilização Brasileira, 2015.

CASTELLS, M. *A sociedade em rede*. Rio de Janeiro: Paz e Terra, 1999.

CHAMBERS, S. *Reasonable democracy – Jürgen Habermas and the politics of discourse*. Londres: Cornell University Press, 1996.

CHAPPEL, T. *Ethics and experience*. Kingston: McGill-Queen's University Press, 2009.

CHRISTMAN, J. "Constructing the inner citadel: recent wok on the concept of autonomy". *Ethics*, v. 99, out. 1988, p. 109-24.

COHEN-ALMAGOR, R. "The limits of objective reporting". *Journal of Language and Politics*, v. 7, n. 1, 2008, p. 138-57.

COHEN, J. "Procedure and substance in deliberative democracy". In: BOHMAN, J.; REHG, W. (orgs.). *Deliberative democracy: essays on reason and politics*. Cambridge: MIT Press, 1997, p. 407-37.

_____. "Reflections on Habermas on democracy". *Ratio Juris*, v. 12, n. 4, 1999, p. 385-416.

COHEN, J.; ARATO, A. "Discourse ethics and civil society". In: COHEN, J.; ARATO, A. *Civil society and political theory*. Cambridge: MIT Press, 1992, p. 345-420.

CONDE, L. M. R. "A impossível pureza humana: um estudo da objetividade da notícia". *Estudos em Jornalismo e Mídia*, v. 1, n. 2, 2004.

CONOVER, P.; SEARING, D.; CREWE, I. "The deliberative potential of political discussion". *British Journal of Political Science*, v. 32, 2002, p. 21-62.

COOKE, M. "A space of one's own: autonomy, privacy, liberty". *Philosophy & Social Criticism*, v. 25, n. 1, 1999, p. 23-53.

CORAZZA, S. M. "Labirintos da pesquisa diante dos ferrolhos". In: COSTA, M. V. (org.). *Caminhos investigativos*. Porto Alegre: Mediação, 1996.

COSTA, C. T. *Ética, jornalismo e nova mídia*. Rio de Janeiro: Zahar, 2009.

CRUZ, M. T. "Experiência e experimentação: notas sobre euforia e disforia a respeito da arte e da técnica". *Comunicação e Linguagem*, n. 25/26, 1999.

DAHL, R. *After the revolution?* New Haven: Yale University Press, 1990.

DAHLBERG, L. "Rethinking the fragmentation of the cyberpublic: from consensus to contestation". *New Media and Society*, v. 9, n. 5, 2007, p. 827-47.

DAHLGREN, P. "The internet, public spheres, and political communication: dispersion and deliberation". *Political Communication*, n. 22, 2005, p. 147-62.

DARWIN, C. *A origem das espécies*. São Paulo: Larousse, 2009.

DIDI-HUBERMAN, G. "Coisa pública, coisa dos povos, coisa plural". In: NAZARÉ, L.; SILVA, R. (orgs.). *A República por vir: arte, política e pensamento para o século XXI*. Lisboa: Calouste-Gulbenkian, 2011, p. 41-70.

DIDI-HUBERMAN, G. *Peuples exposés, peuples figurants*. Paris: Editions de Minuit, 2012.

DOURY, M.; MARCOCCIA, M. "Forum internet et courrier des lecteurs: l'expression publique des opinions". *Hermès*, v. 47, 2007, p. 41-50.

DUCHESNE, S.; HAEGEL, F. "La polititisation des discussions, au croisement des logiques de specialisation et de conflictualisation". *Revue Française de Science Politique*, v. 54, n. 6, dez. 2004, p. 877-909.

_____. "Avoiding or accepting conflict in public talk". *British Journal of Political Science*, v. 37, 2006, p. 1-22.

DWORKIN, G. *The theory and practice of autonomy*. Cambridge: Cambridge University Press, 1988.

EAGLETON, T. *Teoria da literatura: uma introdução*. São Paulo: Martins Fontes, 1988.

ELIAS, N. *O processo civilizador*. v. 1 e 2. Rio de Janeiro: Zahar, 1993.

ELIASOPH, N. "Close to home: the work of avoiding politics". *Theory and Society*, v. 26, 1997, p. 605-47.

ENTMAN, R. "Framing: towards clarification of a fractured paradigm". *Journal of Communication*, v. 43, n. 4, 1993, p. 51-58.

ESPOSITO, R. *Communitas*. Buenos Aires: Armotorru, 2010.

ESTEVES, J. P. *Espaço público e democracia: comunicação, processos de sentido e identidades sociais*. São Leopoldo: Ed. da Unisinos, 2003.

FERRARA, L. A "Epistemologia de uma comunicação indecisa". XXII Encontro Anual da Compós, 2013.

FLUSSER, V. *Filosofia da caixa preta: ensaios para uma futura filosofia da fotografia*. São Paulo: Hucitec, 1985.

FOUCAULT, M. *A verdade e as formas jurídicas*, Rio de Janeiro: Nau, 2002.

_____. *A ordem o discurso*. São Paulo: Loyola, 2009.

FRANÇA, V. V. "Comunicação, sociabilidade e cotidiano". In: FAUSTO NETO, A. F.; PINTO, M. J. (orgs.). *O indivíduo e as mídias*. Rio de Janeiro: Diadorim, 1996, p. 103-11.

_____. "Sujeito da comunicação, sujeitos em comunicação". In: GUIMARÃES, C.; FRANÇA, V. V. (orgs.). *Na mídia, na rua: narrativas do cotidiano.* Belo Horizonte: Autêntica, 2006.

FRANCISCATO, C. *A fabricação do presente – Como o jornalismo reformulou a experiência do tempo nas sociedades ocidentais.* São Cristóvão: Ed. da UFS, 2005.

FRASER, N. "Rethinking the public sphere: a contribution to the critique of actually existing democracy". *Social Text*, n. 25/26, 1990, p. 56-80.

_____. *Justice interruptus critical reflection on the "postsocialist" condition.* Nova York: Routledge, 1997.

FRASER, N.; HONNETH, A. *Redistribution or recognition? A political--philosophical exchange.* Londres: Verso, 2003.

FREUD, S. "O inquietante". In: *Obras completas volume 14.* São Paulo: Companhia das Letras, 2010.

GAMSON, W.; MODIGLIANI, A. "Media discourse and public opinion on nuclear power: a constructionist approach". *American Journal of Sociology*, v. 95, n. 1, 1989, p. 38-107.

GASTIL, J. *Political communication and deliberation.* Londres: Sage, 2008.

GEORGE, E. "Dynamiques d'échanges publics sur internet". In: JAURÉGUIBERRY, F.; PROULX, S. (orgs.). *Internet, nouvel espace citoyen?* Paris, L'Harmattan, 2002, p. 50-79.

GERBNER, G. "The stories we tell". *Media Development*, v. 4, 1996.

GOFMANN, E. *Estigma.* Rio de Janeiro: Zahar, 1975.

_____. *Comportamento em lugares públicos: notas sobre a organização social dos ajuntamentos.* Petrópolis: Vozes, 2010a.

_____. *Os quadros da experiência social.* Petrópolis: Vozes, 2010b.

_____. *Ritual de interação: ensaios sobre o comportamento face a face.* Petrópolis: Vozes, 2011.

GOMES, M. R. *Ética e jornalismo.* São Paulo: Escrituras, 2002.

GOMES, W. *Jornalismo, fatos e interesses: ensaios de teoria do jornalismo.* Florianópolis: Insular, 2009.

GOMES, W.; MAIA, R. *Comunicação e democracia: problemas e perspectivas.* São Paulo: Paulus, 2008.

GOODWIN, E. *Procura-se ética no jornalismo.* São Paulo: Nórdica, 1991.

GRAHAM, T. "Needles in a haystack: a new approach for identifying and assessing political talk in non-political discussion forums". *Javnost – The public*, v. 15, n. 2, 2008, p. 17-36.

GUERRA, J. *O percurso interpretativo na produção da notícia: verdade e relevância como parâmetros de qualidade jornalística.* São Cristóvão: Ed. da UFS, 2008.

LUÍS MAURO SÁ MARTINO E ÂNGELA CRISTINA SALGUEIRO MARQUES

GUTIÉRREZ, A. G. *Desclasificados*. Barcelona: Anthropos, 2007.

HABERMAS, J. "Further reflections on the public sphere". In: CALHOUN, C. (org.). *Habermas and the public sphere*. Cambridge: MIT Press, 1992, p. 421-61.

_____. *Direito e democracia: entre facticidade e validade*. Rio de Janeiro: Tempo Brasileiro, 1997.

_____. *A inclusão do outro*. São Paulo: Loyola, 2004.

_____. "Political communication in media society – Does democracy still enjoy an epistemic dimension? The impact of normative theory on empirical research". *Communication Theory*, v. 16, 2006, p. 411-26.

_____. *Teoria do agir comunicativo*. v. 1 e 2. São Paulo: Martins Fontes, 2012.

_____. *Mudança estrutural na esfera pública*. São Paulo: Unesp, 2013.

HACKETT, R. "Decline of a paradigma? Bias and objectivity in news media studies". *Critical Studies in Mass Communication*, v. 1, n. 3, set. 1984.

HANSEN, M. R. *Esfera pública, democracia e jornalismo: as representações sociais de cidadania em Veja e IstoÉ*. São Cristóvão: Ed. da UFS, 2007.

HELD, D. *Modelos de democracia*. Belo Horizonte: Paideia, 1987.

HERRERO, F. *Estudos de ética e filosofia da religião*. São Paulo: Loyola, 2006.

HERRSCHER, R. "A universal code of journalism ethics: problems, limitations, and proposals". *Journal of Mass Media Ethics*, v. 17, n. 4, 2002, p. 277-89.

HOHLFELDT, A. "Objetividade: categoria jornalística mitificada". Trabalho apresentado no XXIV Congresso Brasileiro de Ciências da Comunicação, Campo Grande (MT), 3 a 7 set. 2001.

HONNETH, A. *Luta por reconhecimento: a gramática moral dos conflitos sociais*. São Paulo: 34, 2003.

_____. "La reconnaissance comme idéologie". In: *La société du mépris: vers une nouvelle théorie critique*. Paris: La Découverte, 2006, p. 245-74.

HUSSAK, P. "Rancière: a política das imagens". *Princípios*, v. 19, n. 32, 2012, p. 95-107.

HUSSERL, E. *The idea of phenomenology*. Amsterdã: Martinus Nijhoof, 1973.

_____. *La crise des sciences européennes et la phénoménologie transcendantale*. Paris: Gallimard, 2004.

HUXLEY, A. *Admirável mundo novo*. São Paulo: Globo, 2012.

HYLAND, K. *Disciplinary identities*. Cambridge: Cambridge University Press, 2012.

JAMES, W. *Princípios de psicologia*. Buenos Aires: Glem, 1945.

JANSSEN, D.; KIES, R. "Online forums and deliberative democracy: hypotheses, variables and methodologies". *Acta Política*, v. 40, 2005, p. 317-35.

JENKINS, K. *Rethinking history*. Londres: Routledge, 2006.

KANT, I. *Crítica da razão pura*. Lisboa: Calouste Gulbekian, 1987.

ÉTICA, MÍDIA E COMUNICAÇÃO

_____. *Crítica da razão prática*. São Paulo: Martins Fontes, 2008.

_____. "Resposta à questão: que é o esclarecimento". In: *Textos seletos*. Petrópolis: Vozes, 2012.

KARAM, F. *Jornalismo, ética e qualidade*. São Paulo, Summus, 1995.

_____. *A ética jornalística e o interesse público*. São Paulo: Summus, 2004.

_____. *Jornalismo, ética e liberdade*. 2. ed. São Paulo: Summus, 2014.

KIES, R. *Promises and limits of web-deliberation*. Nova York: Palgrave Macmillan, 2010.

KLINGER, D. *Escritas de si, escritas dos outros*. Rio de Janeiro: 7Letras, 2016.

KOLAKOWISKI, L. *Pequenas palestras sobre grandes temas*. São Paulo: Unesp, 2010.

KOSKINEN, C. A. L.; LINDSTRÖM, U. A. "Listening to the otherness of the other: envisioning listening based on a hermeneutical reading of Lévinas". *The International Journal of Listening*, v. 27, 2013, p. 146-56.

KOSSOY, B. *Realidades e ficções na trama fotográfica*. São Paulo: Ateliê, 1999.

LAGERKVIST, A. "A quest for communitas. Rethinking mediated memory existentially". *Nordicom Review*, v. 35, 2014, p. 205-18

LÉVINAS, E. *Totalidade e infinito*. Lisboa: 70, 1980.

_____. *Ética e infinito*. Lisboa: 70, 2007.

_____. *Entre nós – Ensaios sobre a alteridade*. Petrópolis: Vozes, 2010.

LEWIS, L. *The adoring audience*. Londres: Routledge, 1992.

LIMA, L. C. "Comunicação e cultura de massa: abordagem histórica". *Tempo Brasileiro*, n. 19-20, 1974.

LIMA, V. *Mídia – Teoria e política*. São Paulo, Perseu Abramo, 2001a.

_____. *Mídia e política*. São Paulo: Perseu Abramo, 2001b.

LOPES, M. I. V. "Pesquisa em comunicação: questões epistemológicas, teóricas e metodológicas". *Intercom*, v. 26, n. 1, jan.-jun. 2004, p. 13-39.

LUKES, S. *Moral relativism*. Londres: Profile, 2008.

MACEDO, M. E.; GONÇALVES, L. M. A. "Notas sobre os conceitos de comunidade, comunicação comunitária e dialogal". *Comunicação & Educação*, ano 19, n. 1, jan.-jun. 2014, p. 39-53.

MAHRT, M. "Conversations about local media and their role in community integration". *Communications*, n. 33, 2008, p. 233-46.

MAIA, R. C. M. "Discursos práticos e a busca pela ética". In: MARI, H. *et al.* (orgs.). *Fundamentos e dimensões da análise do discurso*. Belo Horizonte: Núcleo de Análise do Discurso/Fale/UFMG, 2001, p. 73-86.

_____. "Esfera pública e os *media* na trajetória de pensamento de Jüngen Habermas". In: MARQUES, A. *et al.* (orgs.). *Esfera pública, redes e jornalismo*. Rio de Janeiro: E-papers, 2009, p. 48-69.

MAIA, R. C. M. (org.). *Mídia e deliberação*. Rio de Janeiro: Ed. da FGV, 2008.

LUÍS MAURO SÁ MARTINO E ÂNGELA CRISTINA SALGUEIRO MARQUES

MAIGRET, E. *Sociologie de la communication et des médias*. Paris: Armand Colin, 2003.

MANSBRIDGE, J. "Conflict and self-interest in deliberation". Trabalho apresentado à IVR Workshop on Deliberative Democracy and Its Discontents, Granada (Espanha), 25 e 27 maio 2005.

MARCH, J.; OLSEN, J. *Rediscovering institutions - The organizational basis of politics*. Nova York: The Free Press, 1989.

MARCOCCIA, M. "Parler politique dans un forum de discussion". *Langage & Société*, n. 104, 2003, p. 9-55.

MARIN, L. *Des pouvoirs de l'image*. Paris: Seuil, 1993.

MARQUES, A. C. S. "L'intersection entre le processus communicatif et la délibération publique". *Les Enjeux*, 2008.

_____. "La conversation civique sur internet: contributions au processus délibératif". *Estudos em Comunicação/Études en Communication*, v. 5, 2009a, p. 21-52.

_____. "As relações entre ética, moral e comunicação em três âmbitos da experiência intersubjetiva". *Logos*, v. 31, 2009b, p. 51-63.

_____. "Ética do discurso e deliberação mediada sobre a questão das cotas raciais". *Líbero*, v. 13, n. 26, 2010, p. 75-89.

_____. "O papel dos interesses na construção de uma ética dos processos comunicativos". *Lumina*, v. 5, 2011, p. 1-18.

_____. "A ética dos processos comunicativos: discurso, alteridade e espaço público". *Verso e Reverso*, v. 25, 2011, p. 80-91.

_____. "Política da imagem, subjetivação e cenas de dissenso". *Discursos Fotográficos*, v. 10, 2014, p. 61-86.

MARQUES, A. C. S. (org.). *A deliberação pública e suas dimensões sociais, políticas e comunicativas: textos fundamentais*. Belo Horizonte: Autêntica, 2009.

MARQUES, A. C. S.; MATOS, H. (orgs.). *Comunicação e política: capital social, reconhecimento e deliberação pública*. São Paulo: Summus, 2011.

MARQUES, A. C. S.; MARTINO, L. M. S. "A comunicação, o comum e a alteridade: para uma epistemologia da experiência estética". *Logos*, v. 22, 2015, p. 31-44.

MARTIN, M. de S. "Que faire des conseils (ou de la absance de conseil) de son directeur de thèse? " In: HUNSMANN, M.; KAPP, S. *Devenir chercheur: ecrire une thèse en sciences sociales*. Paris: Ehess, 2013, p. 63-79.

MARTINO, L. M. S. *Teoria da comunicação*. Petrópolis: Vozes, 2009.

_____. *Comunicação e identidade*. São Paulo: Paulus, 2010a.

_____. "A ética como discurso estratégico no campo jornalístico". *Líbero*, v. 13, n. 26, 2010b, p. 31-38.

ÉTICA, MÍDIA E COMUNICAÇÃO

_____. "A potência da alteridade nas mídias digitais". Conferência de Abertura do VIII EcoMig. Belo Horizonte: FAFICH-UFMG, out. 2015.

_____. "Da teoria à metodologia: um ensaio sobre a construção de projetos em Comunicação. *Comunicação Midiática*, v. 11, n. 2, ago.-dez. 2016.

MARTINO, L. M. S; MARQUES, A. C. S. "Promises and limits of discourse ethics in communicative interactions". *Estudos em Comunicação/Communication Studies*, v. 10, 2011, p. 1-21.

_____. "Aproximações e ambivalências epistemológicas da pesquisa entre a comunicação e o comunicar". *Lumina*, v. 18, 2014, p. 1-19.

_____. "Ethics and theories of communication: power, interactions, and participative culture". *Comunicação e Sociedade*, v. 25, 2014, p. 154-68.

MARTINS, J. S. "O senso comum e a vida cotidiana". *Tempo Social*, ano 1, v. 10, maio 1998, p. 1-8.

MAY, T. "The concept of autonomy". *American Philosophical Quarterly*, v. 31, n. 2, 1994, p. 133-44.

McCARTHY, T. "Practical discourse and the relation between morality and politics". *Revue Internationale de Philosophie*, v. 4, n. 194, 1995, p. 461-81.

McLEOD, J. M.; SCHEUFELE, D. A.; MOY, P. "Community, communication, and participation". *Political Communication*, v. 16, 1999, p. 315-36.

McLUHAN, M. *Os meios de comunicação*. São Paulo: Cultrix, 1996.

McNAIR, B. *The sociology of journalism*. Londres: Arnold, 1998.

MEDINA, C. *Profissão jornalista*. Rio de Janeiro: Forense-Universitária, 1982.

MERTON, R. K. *Sociologia – Teoria e estrutura*. São Paulo: Mestre Jou, 1970.

MEYER, P. *A ética no jornalismo*. Rio de Janeiro: Forense-Universitária, 1989.

MIANI, R. A. "Os pressupostos teóricos da comunicação comunitária e sua condição de alternativa política ao monopólio midiático". *Intexto*, v. 2, n. 25, dez. 2011, p. 221-33.

MOLIÈRE. *O burguês fidalgo*. São Paulo: Moderna, 2003.

MONDZAIN, M.-J. *A imagem pode matar?* Lisboa: Nova Vega, 2009.

MONNOYER-SMITH, L. "Le débat public en ligne: une ouverture des espaces et des acteurs de la deliberation". Texto apresentado no congresso da Association Française de Sciences Politiques, Toulouse (França), 2007.

MORETZSOHN, S. *Pensando contra os fatos. Jornalismo e cotidiano – Do senso comum ao senso crítico*. Rio de Janeiro: Revan, 2007.

_____. "'Profissionalismo' e 'objetividade': o jornalismo na contramão da política". Disponível em: <http://www.bocc.ubi.pt/pag/moretzsohn-sylvia--profissionalismo-jornalismo.pdf>. Acesso em: 13 mar. 2018.

MORIN, E. "Complexidade e ética da solidariedade". In: CASTRO, G. *Ensaio de complexidade*. Porto Alegre: Sulina, 1997, p. 15-24.

_____. *O método volume 3 – O conhecimento do conhecimento.* Porto Alegre: Sulina, 2009.

MOUFFE, C. "Pensando a democracia moderna com e contra Carl Schmitt". *Cadernos da Escola de Legislativo*, n. 2, 1994, p. 1-14.

MOY, P.; GASTIL, J. "Predicting deliberative conversation: The impact of discussion networks, media use, and political cognitions". *Political Communication*, v. 23, n. 4, 2006, p. 443-60.

NANCY, J-L. *À escuta.* Belo Horizonte: Chão de Fábrica, 2014.

NORRIS, H. *Medieval costume and fashion.* Mineola: Dover, 1998.

NOWELL-SMITH, P. H. *Ética.* São Paulo: Bestseller, 1966.

ORTEGA, F. *Para uma política da amizade: Arendt, Derrida, Foucault.* Rio de Janeiro: Relume Dumará, 2000.

ORWELL, G. *1984.* São Paulo: Companhia das Letras, 2009.

OSHANA, M. "How much should we value autonomy". *Social Philosophy & Policy*, v. 20, n. 2, 2003, p. 99-126.

PAIVA, R. *O espírito comum.* Rio de Janeiro: Mauad, 1999.

PARK, R. "News as a form of knowledge: a chapter in the sociology of knowledge". *The American Journal of Sociology*, v. 45, n. 5, mar. 1940, p. 669-86.

PATEMAN, C. "Democratizing citizenship: some advantages of a basic income". *Politics & Society*, v. 32, n. 1, mar. 2004, p. 89-105.

PETERS, J. "Historical tensions in the concept of public opinion". In: GLASSER, T.; SALMON, C. *Public opinion and the communication of consent.* Nova York: Guilford, 1995.

PICARD, D. *Pour quoi la politesse?* Paris: Seuil, 2007.

PIERUCCI, A. F. "Interesses religiosos dos sociólogos da religião". In: ORO, A. P.; STEIL, A. C. *Globalização e religião.* Petrópolis: Vozes, 1997.

PLAISANCE, P. *Ética na comunicação: princípios para uma prática responsável.* Porto Alegre: Artmed, 2011.

PLAISANCE, P. L.; SKEWES, E. "Personal and professional dimensions of news work: exploring the link between journalists' values and roles". *Journalism and Media Communication*, v. 80, n. 4, 2003.

PLATÃO. *Apologia de Sócrates.* São Paulo: Edipro, 2015.

POLÍBIO. *História.* Brasília: Ed. da UnB, 1996.

PORTO, M. "Framing controversies: television and the 2002 presidential election in Brazil". *Political Communication*, v. 24, 2007, p. 19-36.

QUÉRÉ, L. "D'un modèle épistémologique de la communication a un modèle praxéologique". *Réseaux*, n. 46-47, 1991, p. 69-90.

RAGO, M. *A aventura de contar-se.* Campinas: Ed. da Unicamp, 2013.

ÉTICA, MÍDIA E COMUNICAÇÃO

RANCIÈRE, J. *Le partage du sensible: esthétique et politique*. Paris: La Fabrique, 2000.

_____. *Aux bords du politique*. Paris: Gallimard, 2004.

_____. *O destino das imagens*. Rio de Janeiro: Contraponto, 2012.

RIBEIRO, J. C. *Sempre alerta*. São Paulo: Brasiliense, 1995.

RODRIGUES, A. *Estratégias da comunicação*. 2. ed. Lisboa: Presença, 1997.

ROSENGREN, K. E. "International news: methods, data and theory". *Journal of Peace Research*, v. 11, n. 2, 1974, p. 145-56.

ROWLING, J. K. *Harry Potter e a câmara secreta*. Rio de Janeiro: Rocco, 2000.

SANTAELLA, L. *Comunicação e pesquisa*. São Paulo: Hacker, 2001.

SANTO AGOSTINHO. *Confissões*. São Paulo: Penguin/Companhia das Letras, 2017.

SCHNETZLER, R. P.; OLIVEIRA, C. *Orientadores em foco*. Brasília: LiberLivros, 2010.

SCHUTZ, A. "The well-informed citizen: an essay on the social distribution of knowledge". *Social Research*, v. 13, n. 4, dez. 1946, p. 463-78.

SCHUTZ, A.; LUCKMANN, T. *The structures of the life-world*. Evanston: Northwestern University Press, 1973.

SCOTT, J. C. *Domination and the arts of resistance – Hiddens transcripts*. New Haven: Yale University Press, 1990.

SEARLE, J. *Mente, linguagem e sociedade: filosofia no mundo real*. Rio de Janeiro: Rocco, 2000.

SHOHAT, E.; STAM, R. *Crítica da imagem eurocêntrica*. São Paulo: Cosac & Naif, 2006.

SIMON, A.; XENOS, M. "Media framing and effective public deliberation". *Political Communication*, v. 17, n. 4, 2000, p. 363-76.

SODRÉ, M. "Existe consciência ética na imprensa?" In: PAIVA, R. *Ética, cidadania e imprensa*. Rio de Janeiro: Mauad, 2002.

_____. "Eticidade, campo comunicacional e midiatização". In: MORAES, D. (org.). *Sociedade midiatizada*. Rio de Janeiro: Mauad, 2006, p. 19-31.

_____. *A narração do fato*. Petrópolis: Vozes, 2008.

SOMERS, M.; GIBSON, G. "Reclaiming the epistemological other: narrative and the social constitution of identity". In: CALHOUN, C. (org.). *Social theory and the politics of identity*. Cambridge: Cambridge University Press, 1994, p. 37-80.

SPINOZA, B. *Ética*. São Paulo: Autêntica, 2009.

SPONHOLZ, L. "Objetividade em jornalismo: uma perspectiva da teoria do conhecimento". *Revista Famecos*, n. 21, ago. 2003.

_____. *Jornalismo, conhecimento e objetividade*. Florianópolis: Insular, 2009a.

_____. "O que é mesmo um fato? Conceitos e suas consequências para o jornalismo". *Galáxia*, n. 18, dez. 2009b, p. 56-69.

STEVENSON, N. "Media, ethics and morality". In: McGUIGAN, J. (org.). *Cultural methodologies*. Londres: Sage, 1997, p. 62-86.

STOCKING, H.; LaMARCA, N. "How journalists describe their stories: hypotheses and assumptions in newsmaking". *Journalism Quarterly*, v. 67, n. 2, 1990.

STREET, J. *Mass media, politics and democracy*. Londres: Palgrave, 2001.

STRELOW, A. A. G. "A discussão metodológica e a construção do campo do jornalismo". *Biblioteca Online de Ciências da Comunicação*. Disponível em: <http://www.bocc.uff.br/pag/strelow_bocc_2009.pdf>. Acesso em: 13 mar. 2018.

STROMER-GALLEY, J. "New voices in the public sphere: a comparative analysis of interpersonal and online political talk". *Javnost – The public*, v. 9, n. 2, 2002, p. 23-42.

SURAUD, M.-G. "Communication ou délibération: les échanges dans la société civile". *Hermès*, v. 47, 2007a, p. 177-84.

_____. "Le débat électronique: entre agir communicationnel et stratégie militante". In: DAHMANI, A. *et al.* (orgs.). *La démocratie à l'épreuve de la société numérique*. Paris: GEMDEV/Karthala, 2007b, p. 179-82.

TASSIN, E. "Espace commun ou espace public? L'antagonisme de la communauté et de la publicité". *Hermès*, v. 10, 1992, p. 23-37.

TAYLOR, C. *As fontes do self – A construção da identidade moderna*. São Paulo: Loyola, 1997.

THOMPSON, J. *A mídia e a modernidade: uma teoria social da mídia*. Petrópolis: Vozes, 1998.

TODOROV, T. *A conquista da América*. São Paulo: Martins Fontes, 2006.

TUCHMAN, G. "Objectivity as strategic ritual: an examination of newsmen's notions of objectivity". *The American Journal of Sociology*, v. 77, n. 4, jan. 1972, p. 660-79.

_____. "Making news by doing work: routinizing the unexpected". *The American Journal of Sociology*, v. 79, n. 1, jul. 1973, p. 110-31.

_____. *Making news*. Nova York: University of New York Press, 1979.

TURKLE, S. *Life on screen*. Nova York: Basic Books, 1995.

_____. *Alone together: why we expect more from technology and less from each other*. Nova York: Basic Books, 2012.

VÁSQUEZ, A. S. *Ética*. Rio de Janeiro: Civilização Brasileira, 2006.

VERGEER, M.; HERMANS, L. "Analysing online political discussions: methodological considerations". *Javnost – The public*, v. 15, n. 2, 2008, p. 37-56.

ÉTICA, MÍDIA E COMUNICAÇÃO

WARD, S. "Inventing objectivity: new philosophical foundations". In: MEYERS, C. (org.). *Journalism Ethics*. Oxford: Oxford University Press, 2010.

WARREN, M. "The self in discursive democracy". In: WHITE, S. (org.). *The Cambridge Companion to Habermas*. Cambridge: Cambridge University Press, 1995, p. 167-200.

_____. *Democracy and association*. Princeton: Princeton University Press, 2001.

WEISS, L.; OLIVEIRA, L. H. "Boas maneiras: por favor, leia este texto – Desculpe a pergunta, mas onde estão as boas maneiras no mundo de hoje?" *Superinteressante*, 31 maio 1988 [republicado no site da revista em 31 out. 2016]. Disponível em: <https://super.abril.com.br/comportamento/boas-maneiras-por-favor-leia-este-texto/>. Acesso em: 6 mar. 2018.

WESSLER, H. "Investigationg deliberativeness comparatively". *Political Communication*, v. 25, 2008, p. 1-22.

WHITEBROOK, M. "Taking the narrative turn: what the novel has to offer political theory". In: HORTON, J.; BAUMEISTER, A. (orgs.). *Literature and the political imagination*. Londres: Routledge, 1996.

WILHELM, A. *Democracy in the digital age: challenges to political life in cyberspace*. Londres: Routledge, 2000.

WILLIAMS, R. *Palavras-chave*. São Paulo: Ed. da Unesp, 2014.

WITSCHGE, T. "Examining online public discourse in context: a mixed method approach". *Javnost – The public*, v. 15, n. 2, 2008, p. 75-92.

WITTGENSTEIN, L. *Tratado lógico-filosófico*. Lisboa: Calouste Gilbekian, 1987.

WOJCIESZAK, M.; MUTZ, D. "Online groups and political discourse: do online discussion spaces facilitate exposure to political disagreement?" *Journal of Communication*, v. 59, 2009, p. 40-56.

WOLTON, D. *Penser la communication*. Paris: Flammarion, 1997.

_____. *Informar não é comunicar*. Porto Alegre: Sulina, 2010.

YAMAMOTO, E. "O conceito de comunidade na comunicação". *Revista Famecos*, v. 2, n. 21, 2014, p. 34-46.

YOUNG, I. *Justice and the politics of difference*. Princeton: Princeton University Press, 1990.

www.gruposummus.com.br

IMPRESSO NA
sumago gráfica editorial ltda
rua itauna, 789 vila maria
02111-031 são paulo sp
tel e fax 11 **2955 5636**
sumago@sumago.com.br